DIAGNOSTIC
STRATÉGIQUE

VUIBERT ENTREPRISE

collection dirigée par J.P. Helfer & J.Orsoni

DIAGNOSTIC STRATÉGIQUE

Alain-Charles Martinet

Professeur agrégé de
sciences de Gestion
à l'Université Jean-Moulin LYON III
Président d'IAE-Conseil

1988

ISBN : 2-7117 - **7706-5**

Sommaire

© Dargaud éditeur, Paris 1980, de LAUZIER, *Les Cadres*

Chapitre 1.
Les multiples visages
du diagnostic stratégique

« Si vous voulez cinq avis sur un problème économique, faites discuter quatre économistes ». Cette (mauvaise) légende pourrait sans doute s'appliquer aux spécialistes du diagnostic stratégique.

Cela tient à deux séries de raisons :

— la diversité des situations et des objectifs de ceux qui le pratiquent ;

— le flou qui entoure la notion de stratégique sinon celle de diagnostic, du fait de la complexité du problème.

A. BUTS, ACTEURS ET SITUATIONS MULTIPLES

En pratique, de nombreux acteurs peuvent être amenés à réaliser un diagnostic stratégique d'entreprise : dirigeants et cadres bien sûr, mais aussi banquiers, consultants, redresseurs, repreneurs...

On conçoit aisément que chacun « voie » l'entreprise de façon particulière puisque, selon les cas, les objectifs poursuivis, les informations disponibles, les ressources mobilisables, le temps imparti... varient. Il est dès lors naturel que les démarches utilisées et que les problèmes rencontrés ne soient pas les mêmes.

1. Fonction occasionnelle ou permanente

Certaines entreprises, au management élaboré, cherchent à se doter d'instruments de contrôle stratégique quasi-permanent, afin d'éviter les surprises, de réagir rapidement et d'améliorer leur pilotage.

Bien sûr, nombreux sont les théoriciens ou conseillers à préconiser un tel appareillage qui prolonge et enrichit le plus traditionnel contrôle de gestion. Alors que ce dernier se préoccupe surtout de détecter et de faire corriger les écarts entre performances visées et performances réalisées, le contrôle stratégique a pour mission de rendre compte de l'évolution des positions de l'entreprise dans ses différents domaines d'activité, vis-à-vis de ses concurrents et, plus généralement, de toutes les variables qui ont une influence nette sur ses capacités.

Dans cette optique, le diagnostic stratégique est le *produit* des méthodes et procédures mises en place à demeure au sein de l'entreprise. Passées les phases d'implantation, il devient l'une des composantes du *système d'informations stratégiques* ([1]) et il jouit alors d'une permanence certaine.

C'est d'ailleurs l'un des rôles de la planification stratégique ([2]) qui, chaque année, réaxime les forces et faiblesses de l'entreprise compte tenu des évolutions éventuelles de l'environnement et de la politique générale des dirigeants. Dans ce cadre, le diagnostic n'est que périodique quoique régulier, ce qui a conduit certains spécialistes, comme H. Igor Ansoff, à proposer adjonctions et refontes de la planification dans un processus de management stratégique plus réactif et plus rapide ([3]).

Il est cependant beaucoup plus fréquent, en particulier dans les PME, que le diagnostic ne soit qu'occasionnel. Soit que l'entreprise affronte des difficultés graves, voire une crise ou une défaillance majeure, soit qu'elle ressente des insatisfactions répétées quant à ses résultats et/ou aux mesures prises jusque-là.

Le diagnostic doit alors être *décidé* par les dirigeants et l'on perçoit facilement que cette décision nécessite une prise de conscience, parfois fort tardive. La portée, la nature et les démarches du diagnostic sont, en conséquence, bien différentes de ce qu'elles peuvent être dans la première situation :

— il doit embrasser le champ le plus vaste car il ne peut renvoyer l'examen de tel ou tel aspect à un cycle de planification ultérieur — qui n'existera pas —,

— il ne peut se reposer sur une infrastructure adéquate et rodée et doit créer les conditions nécessaires à sa réussite (informations notamment),

— il devient un véritable *processus d'intervention dans l'organisation* qui doit être piloté. En effet, dès l'instant où il est décidé et annoncé, il devient l'objet de jeux de pouvoirs. La mise à jour des «forces et faiblesses de l'entreprise», chères aux manuels de

---

([1]) *Cf.* H. LESCA, *Système d'Information pour le Management Stratégique de l'Entreprise,* Mc Graw Hill, 1986.

([2]) *Cf.* M. GERVAIS, *Contrôle de Gestion et Planification,* Economica, 1983 et P. MAITRE, *Plans d'Entreprise et Contrôle de Gestion,* Dunod, 1984.

([3]) *Cf.* A. Ch. MARTINET, *Stratégie,* Vuibert, 1983, ch. 12.

stratégie, est le plus souvent perçue comme une source de menaces... ou d'opportunités pour certains de ses membres.

2. Equipe interne ou consultant extérieur

Une fois la décision prise, une direction a deux possibilités :

— constituer un groupe « ad hoc », composé de cadres opérationnels et/ou fonctionnels, chargé d'effectuer les études nécessaires et de présenter les conclusions qui seront discutées ;

— faire appel à un conseil extérieur qui sera rémunéré de façon spécifique pour une telle mission.

Le coût (visible) de chaque formule déterminera souvent le choix. Les prestations des grands cabinets en particulier apparaissent souvent très onéreuses pour les PME. Mais d'autres critères sont à prendre en considération : compétences et temps disponibles au sein de l'entreprise, climat qui y règne, culture dominante, buts plus ou moins explicites de la direction.

Il n'est pas rare, par exemple, qu'un encadrement opérationnel efficace dans la gestion quotidienne, n'ait pas le temps, le goût, ou les connaissances méthodologiques pour mener à bien un diagnostic stratégique d'envergure. Ou bien qu'une direction cherche un appui extérieur pour avoir « un œil neuf »... ou, au contraire, tenter de faire prévaloir certains points de vue.

Il est cependant impossible pour un consultant de travailler sans les dirigeants et les cadres. Le temps et l'implication de ceux-ci sont absolument nécessaires à la conduite du diagnostic.

Ceci marque bien que ce dernier ne se réalise pas en milieu « stérilisé ». Au-delà de ses compétences conceptuelles et méthodologiques, le conseil doit faire preuve de sens politique, de capacité de discernement, d'écoute mais de fermeté, d'habileté à recouper les informations et, a fortiori, les opinions...

3. But de management ou but d'intervention externe sur l'entreprise

Si tout diagnostic cherche peu ou prou à évaluer la capacité de l'entreprise à réaliser des performances, il convient de distinguer deux situations-types.

Le but peut être managérial : le diagnostic doit alors renseigner sur les aptitudes de l'entreprise à poursuivre et développer ses activités de façon profitable, sur les ré-orientations éventuelles — diversification, lancement de produits nouveaux, restructuration... —.

Le but peut, en revanche, consister à intervenir, de l'extérieur sur la marche d'une société :

— un groupe industriel qui assure sa croissance par rachats, prises de contrôle... s'intéressera à la valeur des actifs, au degré de dispersion du capital, à la compatibilité des activités des « sociétés-cibles » avec les siennes ;

— un redresseur d'entreprise devra examiner avec soin la « réalité comptable » : montants exacts des pertes et des engagements, valeur des actifs cessibles...

— une banque, sollicitée pour octroyer un important crédit à moyen terme, accordera une place privilégiée à l'analyse de la structure du bilan, de la capacité d'autofinancement, de la qualité de l'équipe dirigeante...

On pressent donc qu'il y a des démarches, sinon des méthodes, différentes selon les buts poursuivis.

4. Situations « normales » et situations exceptionnelles

Même en se plaçant dans le seul cas du diagnostic managérial — ce que nous ferons dans la suite de cet ouvrage —, la situation de l'entreprise détermine aussi des variantes importantes dans les démarches.

L'entreprise «en difficulté», au sens juridique du terme, ne peut être analysée de la même façon que l'entreprise aux performances médiocres mais non menacée à court terme. D'abord parce qu'elle est soumise à un traitement judiciaire. Ensuite parce que la hiérarchie des variables stratégiques peut se trouver modifiée : la cession d'actifs est parfois décisive, la trésorerie peut primer la profitabilité, l'horizon de temps se raccourcir...

L'entreprise jeune ou récemment créée n'a pas les mêmes structures, systèmes de gestion... qu'une firme mûre. L'absence de certaines caractéristiques n'y est pas nécessairement une faiblesse.

Ces deux exemples-types suggèrent donc que l'expert devra adapter sa démarche à chaque situation.

Cette diversité légitime est encore accrue par des attitudes différentes à l'égard de «ce que doit être le diagnostic».

B. DES APPELLATIONS...
NON CONTRÔLÉES

Le domaine de la gestion est riche d'un jargon très imparfaitement codifié. La complexité du diagnostic stratégique en fait le théâtre d'acceptions diverses et évolutives.

1. Analyse, audit, diagnostic...

Si la notion de diagnostic — identification d'une maladie par ses symptômes — est apparemment claire en médecine, elle l'est bien moins en gestion. Rechercher les «maladies» d'une entreprise supposerait que l'on fût capable de spécifier l'état de « bonne santé » et d'avoir une typologie acceptée et suffisamment stable des dérèglements. L'on sait qu'il en va tout autrement et que l'on se contente le plus souvent de mettre en évidence les points forts, les points faibles, les risques, les menaces...en termes relatifs par rapport à d'autres — les concurrents, des firmes d'autres secteurs... — ou eu égard à ce que l'on souhaite — objectifs de profitabilité, de parts de marché... —.

● Il arrive également que par manque de discernement, incompétence ou refus des responsabilités l'expert confonde diagnostic et analyse. Tout comme le médecin qui multiplierait les examens hématologiques... sans jamais conclure. On voit alors des séries de chiffres se succéder, les graphes se contredire, les matrices et tableaux se superposer imparfaitement pour donner des images de plus en plus floues de la situation.

● Les effets de mode ou de marketing contribuent aussi à obscurcir le débat. C'est ainsi que « l'audit », paré de sa consonance américaine a pu détrôner, au cours des dernières années, le diagnostic sans que ses spécificités apparaissent clairement, du moins dans les domaines que l'on présente ici.

Retenons donc que le diagnostic s'appuie sur l'analyse mais s'en distingue nettement. Il suppose appréciation, jugement et, en définitive, prise de responsabilité de celui qui le pose. Les méthodes servent à le guider, à éviter les oublis majeurs. Elles ne peuvent se substituer à l'interprétation et à la subjectivité que contient toujours, et fort heureusement, cette dernière.

2. Stratégique, global, général...

Le dirigeant peut légitimement attendre d'une équipe de diagnostic qu'elle se livre à un travail général, pour ne pas dire exhaustif. Et qu'elle mette en lumière l'ensemble des problèmes, des dysfonctionnements... que l'entreprise rencontre dans sa vie de tous les jours.

Il n'est d'ailleurs pas impossible que le diagnostic révèle un pourcentage élevé des multiples «détails» susceptibles d'être corrigés, pour améliorer sensiblement les résultats. Mais «l'arbre peut cacher la forêt»; cela peut se faire au détriment de la compréhension des ressorts fondamentaux et aboutir à un diagnostic général... mais non stratégique.

Un diagnostic général doit donc, dans le meilleur des cas, se composer d'un volet stratégique et d'un volet «gestion courante», comme il peut, dans le pire des cas, donner à penser que l'on a «fait le tour» sans être en mesure de désigner correctement les variables stratégiques.

Quant à l'appellation *diagnostic global,* elle devient fréquente, notamment chez les consultants. Elle signifie souvent la même chose que diagnostic général au sens le meilleur évoqué ci-dessus. Il est d'usage que le module stratégique se trouve complété par des modules fonctionnels (production, commercialisation...).

Il n'est pas dans notre intention d'imposer une étiquette. Il est en revanche indispensable que l'on sache précisément le champ que l'on se propose d'embrasser.

C. UNE CLARIFICATION NÉCESSAIRE

Cette clarification suppose que soit spécifié ce que l'on entend par l'épithète stratégique.

1. Les deux modes fondamentaux du management

La compétitivité durable de l'entreprise, récompensée par des résultats positifs sur longue période, nécessite la réunion de deux types d'ingrédients:

— *la création d'un potentiel de performances* qui passe par des investissements en recherche-développement, acquisition de ressources humaines, technologiques..., lancement de produits nouveaux, ouverture de marchés, ré-organisation... Ils constituent un ensemble de capacités permettant à l'entreprise *d'envisager les résultats qu'elle souhaite,*

— *l'exploitation efficiente de ces capacités* qui suppose une gestion quotidienne des activités, tendue vers *la réalisation de ces résultats* : fabrication, distribution, encaissements...

Ces deux types d'ingrédients renvoient respectivement aux deux modes fondamentaux du management :

— *la gestion stratégique* qui obéit à une logique de positionnement et d'innovation, de façonnement des «règles du jeu», d'allocation des ressources-clés...

— *la gestion courante ou «opérationnelle»* qui relève plutôt d'une logique d'optimisation, d'amélioration du fonctionnement à l'intérieur des règles du jeu, d'actions quotidiennes...

2. Stratégique et opérationnel : des caractéristiques et des questions distinctes

On peut les schématiser au tableau I.

Ce clivage est naturellement trop tranché. En réalité, les deux modes se chevauchent partiellement au moins pour deux raisons :

— d'abord parce que les pratiques journalières dans l'entreprise assimilent et intègrent de façon plus ou moins rapide, le potentiel nouvellement conçu et créé ;

— ensuite parce que les actions courantes forment et déforment le potentiel.

L'on aboutit ainsi à quatre impératifs (Fig. 1).

Ces modes sont complémentaires mais leur équilibrage est parfois difficile, voire conflictuel ; l'entreprise peut être tentée

Tableau I

Caractéristiques	Mode stratégique	Mode opérationnel
Finalité	Re(création) du potentiel de l'entreprise	Exploitation du potentiel de l'entreprise
But	Efficacité : atteinte des objectifs sur longue période	Efficience : améliorer les rendements à court terme
Type de questionnement	«Fait-on les choses qu'il faut ?»	«Fait-on les choses comme il faut ?»
«Mot d'ordre»	Innover	Optimiser
Type de démarche	Entrepreneuriale	Incrementale (amélioration à la marge)
Attitude	Créer, modifier, peser sur les «règles du jeu» (notamment concurrentiel)	Gérer à l'intérieur des règles du jeu
Concrétisation	Décisions d'investissements stratégiques	Actions quotidiennes

Fig. 1

• Concevoir le potentiel

• Créer le potentiel

• Intégrer le potentiel

• Exploiter le potentiel

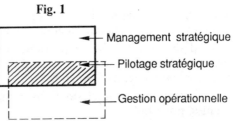

Management stratégique

Pilotage stratégique

Gestion opérationnelle

(ou obligée) de sacrifier le long terme au profit de résultats rapides. Elle peut au contraire céder à des sur-investissements (en voulant par exemple une croissance trop rapide) qui ne lui permettent pas de se rentabiliser à court terme.

Les spécificités du diagnostic stratégique apparaissent maintenant plus clairement. Par distinction avec les différents diagnostics et audits opérationnels qui se préoccupent des points d'amélioration de la gestion courante, le premier va s'intéresser essentiellement à ce qui constitue le potentiel de l'entreprise.

Quelles que soient les méthodes — que nous détaillerons par la suite —, les grandes familles de questions auxquelles il faudra répondre sont les suivantes :

— Quels sont le projet et les buts de politique générale du groupe dirigeant ? Sont-ils clairs, réfléchis, compatibles avec ce qu'est l'entreprise ?

— Quels sont les véritables métiers et activités qui caractérisent cette dernière ?

— Quelles sont les contraintes qu'exerce sur elle l'environnement économique général ?

— Quelles sont la structure et la dynamique des forces concurrentielles ?

— Comment caractériser les compétences et ressources de l'entreprise dans les domaines technique, commercial, financier, humain ?

— Les structures et les systèmes de gestion sont-ils adéquats ?

— La culture, les attitudes et comportements des membres de l'entreprise sont-ils compatibles avec ses objectifs, ses métiers, son environnement ?

Ces questions ne sont pas simples. L'ampleur et le degré de détail des réponses dépendront bien sûr du temps et des ressources que l'on peut consacrer au diagnostic stratégique. Ils sont aussi liés à la démarche suivie.

Chapitre 2.
Les démarches générales du diagnostic stratégique

Si la littérature spécialisée abonde en techniques d'analyse stratégique ([1]), elle présente relativement peu de démarches générales de diagnostic à l'exception de très grandes catégories — forces et faiblesses de l'entreprise, contraintes et opportunités de l'environnement... — qui ont été évoquées au chapitre 1. Cela n'a rien d'étonnant car la théorie en ce domaine est difficile à établir. Quant aux cabinets de conseil, ils se contentent, le plus souvent, de publier «l'état d'esprit» de leur méthode, assorti de

---

([1]) *Cf.* A. Ch. MARTINET, *Stratégie,* Vuibert, 1983, et R. A. THIETARD, *La stratégie de l'Entreprise,* Mc Graw Hill, 1984.

tableaux ou matrices de résultats, sans livrer, ce qui se comprend facilement, les détails de la mise en œuvre ([1]).

Il est toutefois utile de situer les grands types de démarche disponibles car tout diagnostiqueur doit se forger la sienne en empruntant çà et là des éléments techniques. Ces types s'ordonnent autour de deux dimensions principales comme le suggère le schéma suivant :

— le degré d'exhaustivité : certains considèrent que seules quelques variables sont stratégiques, alors que d'autres s'attachent à en examiner le plus grand nombre ;

— le degré de formalisation : certaines démarches reposent sur une conceptualisation, voire une théorie de l'entreprise, d'autres se bornent à en décrire les caractéristiques qui sont ensuite appréciées de diverses manières et, notamment par des échelles de notation.

Fig. 1

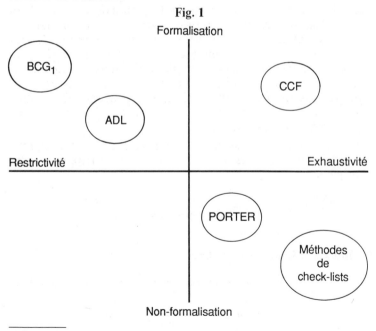

([1]) *Cf.* par ex : *Futuribles,* n° 72, 1983.

Nous avons placé approximativement sur ce schéma quelques démarches ou méthodes caractéristiques dont certaines vont être rapidement présentées.

A. LES DÉMARCHES DESCRIPTIVES

1. Elles apparaissent généralement sous formes de « check-lists »

qui balayent, à l'aide d'un très grand nombre de variables, l'ensemble des activités de l'entreprise. Ces variables sont naturellement de nature très diverse et, par souci de commodité, font l'objet de regroupements fonctionnels : marketing, finance, production... Souvent d'ailleurs, leur globalité interdit toute formalisation et conduit en fait à une série de questions dont les réponses restent qualitatives. Certaines peuvent faire l'objet d'une notation relative sur une échelle de type 1 à 5 ou de type sémantique (faible, moyen, ...).

L'extrait donné ci-dessous de l'ouvrage de J. J. SHAER, intitulé d'ailleurs « le check-up de la PME », ([1]) illustre bien cette approche.

QUESTIONNAIRE

1. Optique et fonction marketing

100. L'entreprise a-t-elle adopté la philosophie du marketing moderne?

101. La fonction marketing est-elle exercée dans l'entreprise?

___

([1]) Ed. d'Organisation.

— par qui?
— comment?

102. Existe-t-il une procédure visant à:
— identifier et analyser les opportunités qui se présentent?
— choisir parmi ces opportunités?
— développer des stratégie adéquates?
— formuler des plans d'action?

103. Quelles sont les opportunités de l'entreprise?

104. Quelles opportunités pourrait-elle développer par:
— une croissance intensive dans le cadre du couple produit/-marché existant?
— une croissance intégrative dans le cadre du système marketing existant?
— une croissance par diversification?

105. L'entreprise possède-t-elle les bases d'expérience nécessaires à l'exploitation de ces opportunités?

106. Ces bases lui assurent-elles un avantage concurrentiel décisif?

107. Les moyens de l'entreprise lui permettent-ils raisonnablement d'envisager d'exploiter ces opportunités?

108. L'entreprise a-t-elle une stratégie marketing clairement définie?

109. Cette stratégie repose-t-elle sur:
— une segmentation fine du marché?
— un positionnement correct sur un segment intéressant?
— un marketing-mix élaboré?

2. Marchés et produits

21. Compréhension des marchés

211. *L'analyse du marché potentiel*

2110. Quels sont les principaux marchés et publics de l'entreprise?
a. Qu'achète le marché?
b. Pourquoi achète-t-il?
c. Qui achète?
d. Comment achète-t-il?
c. Quel est le potentiel du marché?

2111. Quels sont les principaux segments de chaque marché?
a. clientèles,
b. répartition géographique,

    c. valeur de la demande par segment,

    d. motivations des consommateurs.

2112. Quelle est l'évolution prévisible de la demande?
   a. expansion annuelle,
   b. développement de l'emploi des produits,
   c. évolution des besoins et de la satisfaction des consom-
      mateurs,
   d. paramètres d'influence de l'évolution.

212. *Mesure de la demande*

2120. L'entreprise a-t-elle déterminé avec soin le potentiel total
   du marché et ceux des différents segments?

2121. Les méthodes utilisées sont-elles suffisamment fines et
   fiables?

213. *Analyse du marché acquis*

2130. Quel est le taux de pénétration sur les différents marchés
   et segments en valeur globale et pourcentage?

2131. Quelle est la répartition de la clientèle:
   a. par activité?
   b. par zone géographique?

2132. Que donne la comparaison avec la répartition de la clientèle potentielle?

2133. Analyse de la clientèle.

Tableau I

Principaux clients	C.A. réalisé	%C.A./C.A.total de l'entreprise	Activité du client	Représentant	Zone géographique	% de C.A.passé à la concurrence	Ventes par produits			
							X		Y	
							C.A.	%	C.A.	%
a b c d e f										

Ce type de démarche, très pragmatique, offre l'avantage de « passer en revue » une multitude de points de fonctionnement et de dysfonctionnements éventuels. Il permet aussi de classer l'information disponible, de décrire les organes, de ranger les appréciations que l'on peut porter sur les forces et faiblesses de l'entreprise, le cas échéant, en comparaison avec les concurrents et aux capacités requises par l'environnement. On aboutit ainsi à des *profils,* soit dans de rares cas, pour l'entreprise entière, soit, plus fréquemment pour chacune des unités stratégiques qui la composent.

Les deux profils suivants ([1]) en sont une bonne illustration (Fig. 1, p. 26 et Fig. 2, p. 27).

2. Utiles en première approche

ces démarches présentent toutefois d'importants inconvénients :

— En soi, elles ne constituent pas véritablement un diagnostic mais restent au stade de la description analytique, sauf dans les très rares cas où la seule lecture des profils conduit à des conclusions tranchées.

— Elles sont assez statiques.

— Surtout, elles ont un caractère universel ou plus modestement, « passe-partout ». Les différents critères ne sont pas pondérés en fonction des spécificités de l'entreprise ; ils sont données a priori et considérés comme pertinents dans tous les cas de figure. En pratique, bien sûr, on n'utilise pas ces grilles de façon brutale et il est toujours possible de gommer ou d'ajouter un critère.

— Il n'en subsiste pas moins une limite majeure : on analyse surtout les rouages de l'entreprise pris séparément et rien n'as-

---

([1]) Tirés de R.A. THIÉTART, *La Stratégie d'Entreprise,* Mc Graw Hill, Paris, 1984, pp. 81-82.

Fig. 1. Comparaison des capacités concurrentielles de l'unité X de la firme A aux capacités de la concurrence

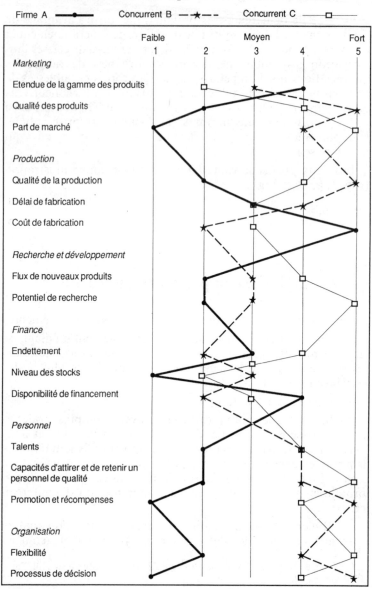

Fig. 2. Comparaison des capacités concurrentielles de l'unité X de la firme A aux capacités requises par l'environnement

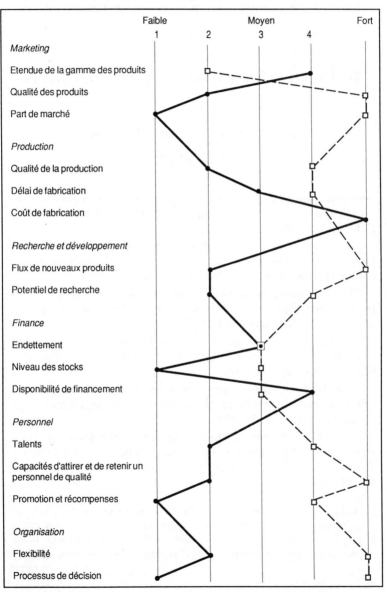

sure que l'on ait vraiment mis à jour l'essentiel, c'est-à-dire les relations décisives entre l'entreprise et son environnement.

B. LES DÉMARCHES FORMALISÉES

1. Fondées sur une théorie de l'entreprise

elles ont pour la plupart été proposées par les grands cabinets américains : Boston Consulting Group (BCG), Arthur D. Little (ADL), Mc Kinsey...

• La plus ancienne et la plus connue, qui est aussi la plus fermée... et la plus critiquée, est celle du BCG. Ses principales caractéristiques sont les suivantes (Fig. 3).

— L'entreprise est découpée en domaines d'activité constitués de produits, clients, techniques homogènes sur lesquels les concurrents sont identifiables ;

— chaque domaine est évalué par rapport aux concurrents selon deux critères jugés déterminants : la part de marché relative et le taux de croissance :

— cette évaluation a des implications financières puisque selon sa position concurrentielle, un domaine sécrètera ou au contraire absorbera des liquidités ;

— tous les domaines sont situés dans une seule matrice, représentant le portefeuille d'activités, qui permet un diagnostic de compétitivité et « explique » les résultats financiers globaux de l'entreprise.

Avec un peu d'habitude, l'interprétation de la matrice est relativement aisée comme on le verra au chapitre 5. Au coup d'œil, il est souvent possible de dire si l'entreprise est « au bout du rouleau » (concentration des domaines dans les cases sud et

Fig. 3

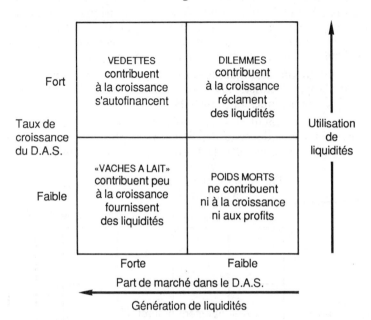

notamment sud-est), correctement équilibrée (bonne répartition dans les 4 cases), désarticulée (domaines en nord-est et sud-ouest exclusivement)...

• La méthode ADL, développée par ce grand cabinet concurrent du BCG, repose sur le même état d'esprit. Elle retient en particulier le même univers compétitf, le découpage en domaines d'activité, la notion de portefeuille, l'articulation entre la position commerciale et les conséquences financières.

Elle s'en distingue en préconisant un traitement différent des deux dimensions de la matrice: la position concurrentielle et l'attrait du domaine.

— Considérant que la part de marché relative n'est qu'un élément de la position concurrentielle, elle s'attache à évaluer celle-ci selon les différents atouts ou handicaps de l'entreprise en

matière d'approvisonnement, de production et de commercialisation. Chaque facteur donne lieu à une notation en comparant
le domaine concerné et les concurrents ; la note finale permet de
situer la position concurrentielle sur une échelle à 5 points :
dominante, forte, favorable, défavorable, marginale.

— De façon analogue, le taux de croissance devient un élément d'appréciation de la maturité (ou de l'intérêt) que présente
le métier dans lequel s'inscrit le DAS.

— Le croisement des deux dimensions débouche sur une
matrice voisine de celle du BCG mais plus nuancée, moins
mécanique... et plus difficile à interpréter visuellement.

Fig. 4. La matrice Arthur D. Little
Maturité du métier

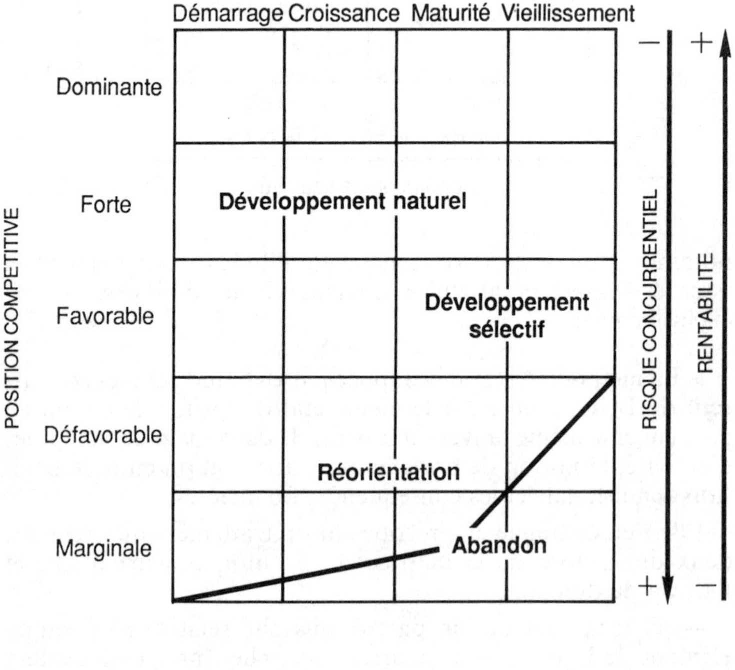

2. En comparaison avec les démarches descriptives

on voit bien les avantages et inconvénients de ce type de méthode.

— Elles dépassent incontestablement le stade de l'analyse pour déboucher, dans certains cas par lecture directe des matrices, sur le diagnostic de la position concurrentielle de l'entreprise et la compréhension de la circulation de ses flux de liquidités.

— Elles présentent, au moins potentiellement, un caractère dynamique. Au-delà de la photographie instantanée, rien n'empêche, au contraire, de simuler les déformations probables des matrices, sous l'effet d'actions possibles des concurrents, d'évolution des secteurs ou de décisions de l'entreprise concernée.

— Si la méthode BGC revêt aussi un caractère universel gênant, il en va différemment pour des démarches plus ouvertes comme celle d'ADL. En fonction des caractéristiques des activités, de la structure concurrentielle... il est parfaitement possible de pondérer certains critères et d'en éliminer d'autres.

— Au lieu d'analyser séparément les rouages de l'entreprise, elles se fondent sur une théorie de la compétitivité, certes contestable, mais qui a le mérite de proposer une «économie de l'entreprise simplifiée», censée représenter son fonctionnement stratégique autour de deux dimensions fortes : le commercial et le financier.

Malgré ces atouts, des limites majeures subsistent :

— elles restent beaucoup plus adaptées aux grandes entreprises diversifiées en situation d'oligopole (surtout pour le BCG) qu'aux PME en concurrence dispersée ;

— elles accordent une place parfois exagérée au seul objectif stratégique de croissance du flux net de liquidités, alors que d'autres buts de politique générale peuvent primer ;

— elles conservent un caractère relativement mécanique et les prescriptions qu'elles suggèrent, dans telle ou telle configuration de la matrice, sont brutales ;

— surtout, elles gomment totalement les dimensions technologique, humaine et organisationnelle pour s'en tenir aux effets commerciaux et financiers constatables ;

— enfin, elles prétendent implicitement que la situation stratégique se trouve convenablement décrite par la position vis-à-vis des seuls concurrents existants. L'on sent bien pourtant que cette situation peut être rendue vulnérable par de nouveaux concurrents, des substituts techniques et bien d'autres phénomènes tant internes qu'externes.

Notons d'ailleurs que depuis leurs premières présentations le BCG et ADL ont tenté d'introduire certaines de ces dimensions comme nous le verrons pour la technologie au chapitre 6.

C. LES DÉMARCHES OUVERTES

Ce dernier type dans notre distinction sommaire renvoie à des démarches reposant sur une certaine vision théorique mais qui n'enferment pas l'analyste dans un cadre pré-déterminé constitué de variables données a priori. Plus analytiques que les approches descriptives, elles ne présentent pourtant pas de caractère mécanique. Les spécialistes les qualifient volontiers d'heuristiques (par opposition à algorithmique) dans la mesure où elles guident la découverte des facteurs-clés sans contraindre à un nombre fini d'étapes.

Nous en évoquerons trois qui, avec des buts et des champs différents, illustrent cette conception.

1. L'analyse de la situation concurrentielle et des avantages compétitifs de Michaël Porter ([1])

Au début des années 80, ce spécialiste d'économie industrielle professeur à Harvard, a introduit un renouveau important dans l'analyse stratégique en élargissant le champ concurrentiel pris en compte. Selon lui, chacune des unités stratégiques immergée dans ce qu'il appelle une «industrie» doit faire l'objet d'une double étude:

— l'évaluation de la rentabilité potentielle de l'industrie (son attrait), déterminée par l'action de cinq forces: l'intensité de la lutte concurrentielle interne, le pouvoir de négociation des fournisseurs, le pouvoir de négociation des clients, la menace de concurrents potentiels, la menace de produits ou de technologies de substitution, comme le précise le schéma de la figure 5.

— L'analyse structurelle à l'intérieur de l'industrie qui doit mettre en évidence les «groupes stratégiques», c'est-à-dire les regroupements d'entreprises qui adoptent des stratégies similaires. La figure 6 en donne un exemple dans un cas où les statégies se différencient essentiellement par le degré de spécialisation et le degré d'intégration verticale.

Cette double analyse permet de poser un diagnostic des forces et faiblesses de l'entreprise: celle-ci peut-elle être profitable en restant dans son activité? Appartient-elle à un «bon» groupe stratégique? A-t-elle les moyens d'en changer? Peut-elle être attaquée par des concurrents venant d'autres groupes?...

On voit donc que la démarche proposée par Porter se distingue fortement des approches précédentes:

— elle ne se contente pas de déterminer la position de l'entreprise face à ses concurrents selon les deux dimensions tradi-

---

([1]) M. E. PORTER, *Choix Stratégiques et Concurrence,* Economica, 1982 et *cf.* L'*Avantage Concurrentiel,* Inter Editions, 1986.

Fig. 5

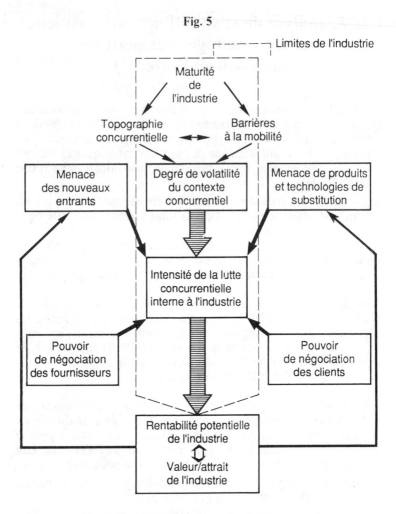

Source : G. PETIT, *Enseignement et Gestion,* nº 41.

tionnelles mais cherche à dresser une carte de l'ensemble des forces concurrentielles auxquelles est confrontée la firme ;

— tout en se fondant sur une grille théorique, elle reste très

Fig. 6. Les dimensions stratégiques déterminent la carte de l'industrie

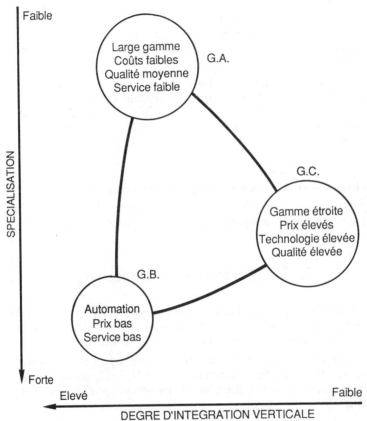

Source: A. Ch. MARTINET, *Stratégie, op. cit.,* p. 112.

ouverte, l'analyse se faisant différemment selon le degré de maturité de l'industrie, la structure de la concurrence...

— elle suppose une analyse fine d'un grand nombre de critères et donc un recueil important d'informations;

— elle guide l'expert mais ne le dispense pas de faire preuve de jugement, de prises de position et de subjectivité;

— elle est relativement modulable selon les ressources et le temps dont on dispose.

Elle n'est toutefois pas exempte de limites ([1]):

— en se situant au niveau des unités stratégiques seulement, elle doit être relayée par une analyse de portefeuille pour permettre un diagnostic global de l'entreprise;

— elle ne retient que la lutte concurrentielle comme univers de l'entreprise. Or l'on sait que, spécialement pour des PME, la situation stratégique est souvent influencée par les diverses formes de coopération entretenues avec d'autres : sous-traitants, donneurs d'ordre, distributeurs, pouvoirs publics...

— surtout, elle reste très externe et économique, en gommant presque totalement les aspects humains et organisationnels au sein de l'entreprise comme dans son environnement.

On pressent donc qu'elle peut être un élément important d'un diagnostic stratégique mais qu'elle ne peut épuiser celui-ci.

2. La méthode de « Genèse » ([2])

L'ambition de la méthode « Genèse » est précisément d'expliciter les aspects humains et organisationnels au même titre que l'analyse concurrentielle. Pour ce faire, elle distingue :

— *les ressources de l'entreprise,* classées en huit catégories : information, ressources humaines, R et D, équipements, approvisionnements, distribution/vente, finances et portefeuille d'activités ;

— *la qualité des comportements* des acteurs principaux de l'entreprise : existence d'un projet partagé, ouverture sur l'environnement, dégré d'anticipation, aptitude à la communication interne et externe, réactivité du management, degré de mobilisation des aptitudes.

([1]) Pour plus de détails, cf. G. PETIT.

([2]) Cf. B. BLANCHE, « *Vers une méthode à la française de diagnostic et planification stratégiques* », Revue Française du Marketing, n° 4/1984, pp. 57-69.

Chaque composant est analysé puis noté relativement aux concurrents ce qui permet de mettre en évidence les distorsions éventuelles : des ressources suffisantes peuvent être annulées par des comportements médiocres.

Les étapes de la démarche, quant à elles, restent très classiques :

— explicitation du projet ;

— analyse de l'environnement ;

— analyse du potentiel ;

— étude des synergies.

Un pré-diagnostic est opéré, sur la base d'entretiens avec l'encadrement, afin de parcourir la grille ressources/comportement, d'identifier la segmentation stratégique perçue par les dirigeants et d'ébaucher le positionnement concurrentiel.

Cette phase a pour but de situer les problèmes stratégiques majeurs. Elle est suivie d'analyse approfondie de la situation concurrentielle et des croisements opportunités/menaces de l'environnement/forces-carences de l'entreprise par segment puis globalement.

Les techniques utilisées sont empruntées aux diverses démarches présentées auparavant :

— BCG pour le positionnement concurrentiel, la part de marché relative étant calculée ainsi :

$$pm = \frac{\text{Part de l'entreprise}}{\Sigma \text{ des parts des 3 premiers concurrents}}$$

— ADL pour expliquer ce positionnement ;

— PORTER pour la mise en évidence des stratégies des concurrents.

Cette méthode n'a rien de révolutionnaire puisqu'elle reste classique dans son architecture et emprunte des techniques connues. Elle a cependant le double mérite d'expliciter les ressources/comportements et de ne pas être dogmatique en retenant ce qui semble utile et efficace dans d'autres approches. Tout en guidant l'analyste elle est souple et ouverte.

D. UN EXEMPLE DE DÉMARCHE FORMALISÉE... MAIS LARGE

Récemment mise au point par le Crédit Commercial de France (CCF) ([1]) à l'intention des grandes entreprises, elle se veut stratégique et financière. Nous ne présenterons que les grandes lignes du premier volet, le second faisant l'objet d'un traitement très technique dépassant notre propos ici.

Il s'agit d'une méthode multi-critères (une centaine est a priori retenue) que le CCF regroupe en six grandes familles ;

— technologie : expérience et capacité de la firme sur les produits, les services, les processus de production ;

— marché : expérience et connaissance du marché ;

— maîtrise des incertitudes : capacité à évaluer et prévenir les menaces pouvant peser sur les secteurs d'activité ;

— verrouillage : capacité à protéger, améliorer, développer la position concurrentielle ;

— position concurrentielle : importance des avantages compétitifs ;

— attrait du secteur : potentiel du domaine d'activité et capacité de l'entreprise à en bénéficier.

Chaque critère, puis chaque famille sont notés de 0 à 5, les notes étant reportées sur un axe gradué selon une échelle linéaire, exponentielle ou logarithmique selon l'importance de la famille dans le métier : moyenne, forte, faible.

Ceci permet de construire un diagramme hexagonal du type suivant (Fig. 7) : ([2])

Ce diagramme est intéressant car très visuel. On peut ainsi repérer très vite :

— la surface globale qu'occupe la firme en pourcentage de la

([1]) Ce paragraphe est inspiré de l'article du CCF (G. SURBLED) in *Analyse Financière,* 3e trimestre 1984, pp. 78-85.

([2]) *Source* : *Analyse Financière,* 3e trimestre 1984, p. 81.

Fig. 7. Hexagone-diagnostic

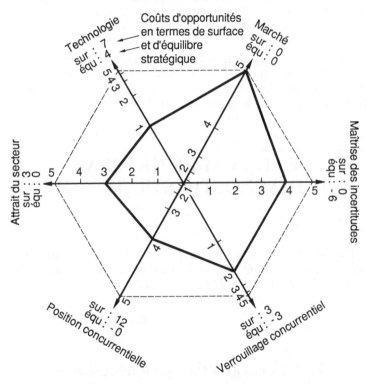

Surface stratégique 49 %
Equilibre stratégique 84 %

Coûts d'opportunités en termes de surface et d'équilibre stratégique

Technologie
sur : 7
équ : 4

Marché
sur : 0
équ : 0

Maîtrise des incertitudes
sur : 0
équ : - 6

Attrait du secteur
sur : 3
équ : 0

Position concurrentielle
sur : 12
équ : - 0

Verrouillage concurrentiel
sur : 3
équ : - 3

surface totale, donnant ainsi une idée de sa puissance ou de sa faiblesse stratégique ;

— la régularité ou l'irrégularité du périmètre qui met en lumière immédiatement l'équilibre ou le déséquilibre de l'entreprise sur l'une ou l'autre des dimensions ;

— la combinaison éventuelle des forces ou faiblesses : ainsi une faible note à la fois sur le verrouillage concurrentiel et sur la maîtrise des incertitudes signifierait une fragilité stratégique très forte et donc une grande vulnérabilité de l'entreprise.

Cette démarche retient donc la visualisation et la quantification du BCG, la finesse de l'appréciation de la position concurrentielle d'ADL, l'exhaustivité et la souplesse d'analyse de Porter ([1]) en fonction des spécificités des secteurs, du métier de l'entreprise...

Très complète en termes économiques, techniques et financiers, elle reste toutefois, elle-aussi, très externe et se préoccupe peu des aspects humains et organisationnels qu'il faut intégrer pour parvenir à un diagnostic complet.

E. UN CADRE GÉNÉRAL DE DIAGNOSTIC STRATÉGIQUE

L'ensemble qui vient d'être présenté et discuté permet de dessiner l'architecture d'un cadre de diagnostic stratégique pertinent, efficace et de portée générale. Il est préalablement indispensable d'en synthétiser les caractéristiques.

1. Les caractéristiques nécessaires

Des fondements théoriques.

Si des outils purement descriptifs comme les check-lists sont utiles sur le terrain pour s'assurer que rien n'a été omis, ils ne sauraient êtres suffisants. Le diagnostiqueur a besoin d'une vision de l'entreprise dans son environnement pour établir les

---

([1]) Voir ci-après.

relations indispensables, interpréter les faits repérés et se prononcer sur les dysfonctionnements.

Cette vision théorique peut aujourd'hui tenir compte des progrès les plus récents de la pensée stratégique ([1]):

— insistance sur le(s) métier(s) de l'entreprise;

— saisie «grand angle» des forces concurrentielles;

— réflexion suffisante sur les dimensions technologiques;

— interprétation stratégique et organisationnelle des symptômes financiers;

— analyse approfondie des facteurs structurels, culturels et comportementaux susceptibles d'enrayer ou de dynamiser le fonctionnement et le développement de l'entreprise.

Des qualités méthodologiques.

Indispensable, une méthodologie peut être la meilleure comme la pire des choses selon ses propriétés. Dans notre domaine elle doit être:

— cohérente avec les fondements théoriques;

— rigoureuse mais souple afin de pouvoir accueillir la grande variété des situations rencontrées;

— heuristique pour guider la découverte des facteurs-clés sans enfermer l'analyste dans un cadre restrictif et dangereux;

— ouverte pour favoriser la discussion, confronter les opinions, recouper les informations car il n'y a pas de vérité stratégique simple et immédiate;

— synoptique et visuelle car un bon schéma, notamment pour les résultats, synthétise et se mémorise davantage que cinquante pages de rapport;

— pédagogique car au-delà des résultats du diagnostic, elle doit améliorer la culture et les aptitudes stratégiques des membres de l'entreprise;

— technique pourvu que l'on donne à ce terme un sens large

([1]) *Cf.* A. Ch. MARTINET, *Management Stratégique, Organisation et Politique,* Mc Graw Hill, 1984.

valant pour l'ensemble des dimensions de l'entreprise car un ratio erroné, une segmentation inadéquate, une omission majeure sont lourds de conséquences.

2. L'architecture du diagnostic stratégique

L'architecture présentée ici se veut complète. Elle ne préjuge pas du temps et des ressources disponibles ([1]) et revêt donc un caractère modulable et modulaire. Modulable car l'on peut lui donner un approfondissement variable ; modulaire car tel ou tel « pavé », ayant déjà été exploré peut être greffé au schéma d'ensemble.

Nous nous contenterons d'esquisser ici le « plan-masse » dont les composantes seront détaillées dans les chapitres suivants (Fig. 8).

([1]) *Cf.* Ch. 2.

Fig. 8

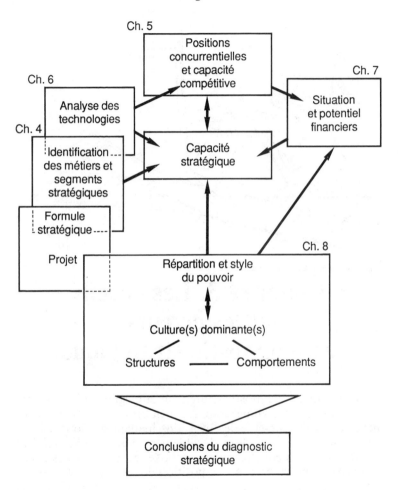

Dessin de Piem, *le Figaro*, 8-9 novembre 1980.

Chapitre 3. Les écueils et les erreurs en diagnostic stratégique

Les enjeux du diagnostic stratégique sont souvent importants pour l'entreprise comme pour ses membres. Une erreur grave peut conduire celle-ci à des décisions inadaptées, coûteuses et irréversibles et la pénaliser durablement, voire même, lui être fatale. Certaines conclusions peuvent se traduire par des licenciements, remettre en cause la position de responsables...

L'honnêteté, la rigueur et le professionalisme de l'homme de diagnostic sont donc essentielles. Pourtant, quand bien même possède-t-il ces qualités, il n'est pas à l'abri d'écueils sur lesquels il peut achopper tout au long de sa mission.

Quatre séries de contraintes fortes pèsent en effet sur lui.

A. L'HOMME DE DIAGNOSTIC FACE À LUI-MÊME

Il est évident que la qualité du diagnostic dépend d'abord des caractéristiques et aptitudes de celui qui le pratique. Ces dernières sont nécessairement limitées. Il doit donc en être conscient et se donner des moyens de pallier ses lacunes.

1. Les effets de la spécialisation et de l'expérience

On vient souvent au diagnostic stratégique après de nombreuses années de formation et d'expérience. Très rares sont les experts parfaitement polyvalents, ayant une connaissance de multiples entreprises et une fréquentation égale des différentes fonctions concernées. Presque toujours s'exercent donc des effets de polarisation:

— un économiste de formation pourra accorder un poids déterminant à l'analyse de l'environnement au détriment de variables d'organisation ou de gestion qui peuvent être décisives;

— un spécialiste de la gestion humaine et sociale sera tenté de voir dans les jeux d'acteurs, les blocages internes, les qualifications des individus... les causes fondamentales des difficultés de l'entreprise en négligeant peut-être les problèmes de positionnement concurrentiel, de gamme de produits... ou d'excès de besoin en fonds de roulement;

— un financier pourra céder aux délices de l'analyse des flux de fonds, du bilan et du compte de résultat pour y rechercher des déséquilibres qui, bien souvent, ne font que traduire des dysfonctionnements stratégiques, organisationnels ou de gestion;

— un gestionnaire d'expérience mais ayant accompli l'essentiel de sa carrière dans l'industrie lourde pourra éprouver des difficultés à intérioriser les grandeurs économiques et les variables stratégiques radicalement différentes d'une entreprise de services...

Bref, l'homme du diagnostic stratégique doit s'appuyer sur ses expériences et compétences tout en s'en méfiant. Il ne peut se contenter d'être un «spécialiste des généralités», un «touche à tout» superficiel.

Afin de devenir progressivement un véritable généraliste doublé d'un méthodologue du diagnostic, il lui faut actualiser et développer en permanence ses connaissances dans les grands domaines de la gestion et multiplier ses points de référence en pratiquant sur des cas de figure différents.

Cela ne dispense d'ailleurs pas, lorsque la possibilité existe, de travailler en équipe pourvu qu'un langage et une méthodologie communs permettent la synthèse.

2. L'omission d'une variable majeure et l'erreur sur le modèle stratégique

Le danger essentiel qui guette tout diagnostic consiste à ne pas percevoir, ou à sous-estimer, le rôle d'une variable décisive. On peut, de cette façon, élaborer une magnifique analyse de la situation stratégique d'une entreprise de location de voiture en gommant l'impact essentiel sur la profitabilité de la revente des véhicules.

Dans le même esprit, Jean Brilman[1], expert en redressement d'entreprise, cite ce cas où le ratio stocks/ventes avait été jugé très excessif alors même que ce stock était composé de pièces de rechange introuvables sur le marché et vendues à des prix très élevés.

---

[1] J. BRILMAN, *Méthode de diagnostic,* in IAE-Université Entreprise, mai 1984, p. 7.

Ainsi, commettrait-on une erreur grossière en désignant l'absence d'avions au Club Méditerrannée comme une faiblesse alors que son métier n'est sûrement pas le transport de touristes même si celui-ci est indispensable à la vente des services réellement achetés par les clients.

C'est donc en bonne partie pour se garantir de telles erreurs que doivent être utilisées méthodes et check-lists. De même que les informations recueillies au sein de l'entreprise, auprès de clients, de distributeurs, de fournisseurs voire de... concurrents, permettent par recoupement de s'assurer que l'essentiel a été cerné.

3. Le risque d'éparpillement analytique

Faute d'ailleurs d'une démarche suffisamment ferme, l'homme de diagnostic peut papillonner d'un domaine à un autre, voir dans la gamme de produits puis dans la faiblesse du fonds de roulement et enfin dans « l'âge du PDG » la source de tous les maux de l'entreprise.

Il lui faut donc parcourir les différentes familles d'explication avec la rigueur nécessaire pour en tirer les conclusions qui s'imposent sans se laisser absorber par l'une ou se laisser tirailler entre toutes.

Ces écueils sont bien connus désormais des spécialistes du raisonnement. L'un des plus célèbres, Edward de Bono[1], les schématise ainsi :

- **Multiplication des perceptions (Fig. 1):**

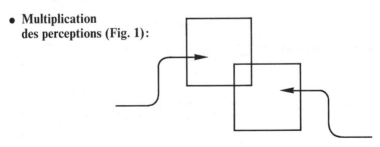

---

[1] E. DE BONO, *L'Atlas du Décideur,* Londreys-Encre, 1984.

- **Parcellisation des perceptions (Fig. 2):**

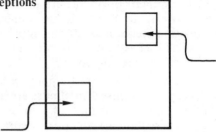

- **Eparpillement analytique (Fig. 3):**

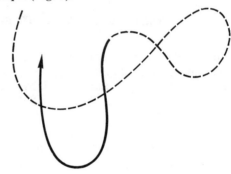

- **Diversion-distraction (Fig. 4):**

- **Approfondissement du faux problème (Fig. 5):**

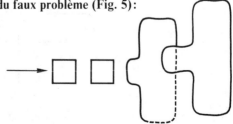

4. L'absence... ou l'excès de rigueur

L'homme de diagnostic ne peut donc se passer d'une sérieuse dose de rigueur, entendue comme ce qui caractérise une démarche méthodique, ample et souple mais suffisamment élaborée pour qu'il puisse contrôler sa propre pensée comme celle de ses interlocuteurs, valider et recouper ses interprétations, étayer ses jugements.

Il ne lui faut toutefois pas tomber dans l'excès de rigueur ou plutôt d'analyse trop pointilliste lui interdisant une vue d'ensemble, une compréhension de l'économie générale de la situation. Dans le pire des cas, ce souci excessif du détail peut l'amener à ne pas pouvoir conclure ou, selon la fameuse boutade, à ne conclure qu'à des propositions «précisément fausses» en refusant celles qui ne seraient «qu'imparfaitement vraies».

En définitive, au-delà de compétences et d'expériences variées, un bon diagnostiqueur doit favoriser le fonctionnement simultané des deux hémisphères de son cerveau, plutôt que de s'en remettre à un seul comme pourrait l'y pousser une formation unique (Tableau I).

Tableau I

Hémisphère gauche	Hémisphère droit
Analytique	Intuitif/global
Abstrait	Concret
Explication	Compréhension
Focalisation sur objets	Focalisation sur personnes
Linéaire	Simultané
Séquentiel	Synthétique
Sériel	Global
Rationalité	Esthétique
Calcul	Art
Contrôle	Communication
Masculin	Féminin
Technicien	Artiste
Occidental	Oriental

Source: E. MORIN, *La méthode* t. 3, Seuil, 1986.

[1] Cf. R. ROWAN, *Intuition et Management,* Rivages/Les Echos, 1986.

B. L'HOMME DE DIAGNOSTIC FACE A L'ORGANISATION

S'il doit se méfier de lui-même, le diagnostiqueur doit faire preuve de prudence à l'égard des personnes et des groupes sociaux qu'il va inéluctablement rencontrer.

Il n'est pas dans la situation du mécanicien qui, à l'abri de son atelier, peut démonter, examiner un moteur inerte. Dès que sa mission a été annoncée, et même s'il ne s'est pas encore rendu dans l'entreprise au cas où il est extérieur, son « existence » signifie quelque chose et il peut devenir un enjeu pour tel ou tel.

1. Les enjeux d'acteurs

Une entreprise n'est pas homogène; de par leur position hiérarchique, leur fonction, leurs antécédents, leurs buts, ses membres ont des vues différentes sur ce qu'elle est, sur ce qu'elle doit être[1]. Il est donc tout à fait légitime que les acteurs susceptibles d'influencer le diagnostic cherchent à le faire, même de bonne foi, selon leurs coordonnées personnelles.

Dans ses contacts, entretiens et réunions, le diagnostiqueur va donc se trouver confronté à des points de vue variés. De façon directe ou indirecte, il sera l'objet de pressions. Il lui faut donc tout à la fois recueillir ces informations, ces opinions et éléments d'analyse sans se laisser enfermer par la vision d'un seul. Au-delà, il doit faire expliciter les divergences éventuelles, les soumettre à ses propres grilles afin que progressivement un consensus suffisant puisse se dégager sur les principales conclusions du diagnostic.

---

[1] *Cf.* A. Ch. MARTINET, *Management Stratégique: Organisation et Politique,* Mc Graw Hill, 1984, ch. 1 et 3.

2. Otage, alibi, exécuteur

Parfois, la situation peut être plus délicate encore. La demande de diagnostic stratégique est à même de masquer des problèmes strictement internes, des conflits de personne pour la résolution desquels l'expert extérieur risque d'être implicitement sollicité.

Il peut ainsi se laisser «prendre en otage» par la direction générale, une direction fonctionnelle ou opérationnelle, qui cherchent à faire entériner leur point de vue plus qu'à obtenir des conclusions «neutres».

Il peut aussi être un alibi, une caution morale pour rendre plus légitimes certaines décisions douloureuses, licenciements nombreux par exemple.

La lucidité du consultant, son aptitude à découvrir les buts cachés éventuels que l'on assigne à son intervention sont donc essentiels à la réussite de sa mission.

3. Le problème déontologique

L'expert en diagnostic est le plus souvent appelé par une direction. Or le cas n'est pas impossible où ses conclusions peuvent l'amener à remettre en cause ladite direction... sans aller nécessairement jusqu'à la demande de démission du Président-Directeur Général!

Se pose alors le problème de l'attitude à adopter: pour qui ou pour quoi travaille l'expert? La direction, la société, le personnel, l'entreprise...? C'est évidemment en pratique qu'une réponse est apportée. L'on peut toutefois marquer le fait indiscutable qu'il est rémunéré sur les «biens sociaux» et qu'il ne travaille donc pas pour celui qui l'a appelé. Il nous semble que ses conclusions doivent servir en priorité la société ou l'entreprise dans son ensemble [1] pour lesquelles seules les questions stratégiques sont pertinentes.

---

[1] Pour une clarification des composantes de l'entreprise, *Cf.* MARTINET, *Management Stratégique..., op. cit.*

On le confirme à la seule évocation de ces quelques difficultés : l'expert en diagnostic ne peut être un pur technicien. Sens politique affirmé, confiance en lui doublée de capacité d'écoute, fermeté intellectuelle et morale lui sont indispensables.

C. LE DIAGNOSTIQUEUR FACE À L'INFORMATION

Le diagnostic n'est au fond qu'un processus structuré de construction-traitement-production d'information. Celle-ci est tout à la fois sa matière première et son produit principal. De sa quantité et de sa qualité dépend donc la pertinence des conclusions. Si les méthodes exposées dans la littérature spécialisée s'en préoccupent relativement peu, l'on pressent que ces problèmes se posent immanquablement « sur le terrain ».

1. Excès de données et... insuffisance d'informations.

A mesure que son travail avance, le diagnostiqueur dispose d'une quantité croissante de données recueillies aux différentes sources habituelles internes et externes : comptabilité générale et analytique, contrôle de gestion, services commerciaux, fonction personnel, production, clients, distributeurs, fournisseurs... Le plus souvent, ces sources produisent des données pour des buts spécifiques qui ne sont pas nécessairement ceux du diagnostic.

L'expert peut se trouver dans cette situation apparemment paradoxale : être submergé de données multiples, disparates, contradictoires parfois, et manquer d'informations cruciales, synthétiques, bien construites et suffisamment fiables. Il est par exemple fréquent dans les PME que la comptabilité analytique (lorsqu'elle existe) livre des prix de revient complets à deux décimales mais calculés selon des clés de répartition qui ne correspondent plus du tout à la structure ou aux activités de l'entreprise. On pourra, en revanche, manquer cruellement d'informations de base sur le marché ou les concurrents.

Un bon diagnostic stratégique doit donc éviter le piège qui consisterait à vouloir traiter toutes les données disponibles. Il lui faut plutôt construire le minimum d'informations cruciales et adaptées aux objectifs qu'il poursuit et obtenir, à l'extérieur, celles qui manqueraient tout en étant indispensables.

2. L'empire du chiffre

Autre problème bien connu des spécialistes : dans beaucoup d'entreprises les données chiffrées et plus encore monétaires, même lorsqu'elles sont «fausses avec précision» tendent à s'imposer aux données qualitatives qui pourraient n'être «qu'approximativement exactes».

Plus que tout autre exercice, le diagnostic stratégique peut en souffrir. L'on sait en effet qu'il lui faut en bonne partie travailler sur une information partielle, agrégée, incertaine, tournée vers le futur... [1]. Il lui faudra parfois lutter contre certaines cultures d'entreprises excessivement portées à n'accorder crédit qu'aux informations complètes, fines, certaines et... rétrospectives [2].

3. Informations internes et externes

Certains types d'organisations — les bureaucraties par exemple [2] — possèdent une redoutable aptitude à sécréter des informations internes tout en considérant comme inutile le

---

[1] *Cf.* H. Lesca, *Systèmes d'Information..., op. cit.* et A. Ch. Martinet, *Stratégie, op. cit.*

[2] *Cf.* M. Burke, *A chacun son style d'Entreprise,* InterEditions, 1987.

recueil de données sur leur environnement. Ce cas est incontestablement le plus difficile pour l'expert qui se trouvera vraisemblablement dans la situation évoquée plus haut. Il lui sera alors indispensable de réunir, dans un délai court, des informations auprès de sources extérieures afin de se forger une image minimum de l'environnement sans laquelle toute conclusion stratégique s'avère impossible.

4. Informations stratégiques et informations courantes

Citons pour mémoire cette distinction qui renvoie aux développements du chapitre 1. C'est évidemment la première catégorie qui intéresse le diagnostiqueur. La difficulté provient du fait que les informations sont rarement « étiquetées » de cette manière. Seuls la compétence, la méthodologie, l'expérience et le raisonnement permettent d'y parvenir.

5. Information et désinformation

Si cette question sensibilise surtout, bien sûr, les stratèges militaires, elle ne doit pas être totalement évacuée par le stratège d'entreprise. Pour les nombreuses raisons évoquées auparavant il peut être confronté à des processus de désinformation, soit en provenance des sources extérieures qu'il consulte, soit même au sein de l'entreprise.

Là encore, sans tomber dans la paranoïa, il est invité à conserver sa lucidité et à faire jouer les recoupements.

L'exposé rapide de toutes ces difficultés donne peut-être à penser au néophyte que le diagnostic stratégique n'est qu'une sorte de « mission impossible ». Tel n'est pourtant pas le sentiment que nous souhaitons produire.

D'abord car nombreuses sont les situations saines dans lesquelles l'expert résout très vite les mini-problèmes déclenchés par son intervention. Même quand certains s'avèrent plus importants, le travail se déroule fréquemment dans un climat de coopération et de volonté commune d'aboutir aux conclusions les plus réalistes possibles.

Ensuite parce que ces problèmes sont inhérents à toute intervention dans une organisation et au management lui-même. Vouloir en nier l'existence consisterait à adopter l'attitude de l'autruche.

Leur mise en lumière nous semble cependant indispensable car les ouvrages spécialisés en font très rarement état ce qui pourrait laisser croire, une fois encore, que tout réside dans la technique utilisée. Nécessaire celle-ci est loin d'être suffisante. Le savoir-faire et le savoir-être de l'expert sont, fort heureusement, irremplaçables.

D. L'HOMME DE DIAGNOSTIC FACE AU TEMPS ET A L'ARGENT

Un diagnostic stratégique conduit par une équipe de consultant est nécessairement assorti d'un budget et d'une limite de temps. Pour une très grande entreprise, il est fréquent qu'il soit conduit sur une durée longue dans le cadre plus global d'une relation d'affaires suivie. Une PME recherchera plutôt une intervention bouclée strictement définie.

De nombreuses officines proposent aujourd'hui des diagnostics rapides (une ou quelques journées) afin de s'attirer le marché des PME, réticent devant le coût apparent d'une mission longue. Dans ce domaine, il convient d'être clair : il est illusoire de mener un diagnostic stratégique sérieux à défaut d'un nombre suffisant de journées d'intervention et d'un laps de temps suffisant pour que le processus mûrisse. Au tarif moyen des cabinets — 5 000 F/jour pour un consultant junior, 10 000 F pour un senior —, il est bien difficile d'envisager une telle mission à moins de 200 000 ou 300 000 F. Dans un grand groupe, l'intervention atteint fréquemment 2 à 3 millions de francs pour une durée de plusieurs mois.

Il va sans dire que ce coût doit être rapporté aux effets constatables de l'intervention sur les profits de l'entreprise. Ceux-ci, pour être perceptibles, supposent que le diagnostic soit suivi de la formulation et de la mise en œuvre de certaines mesures stratégiques, financières, organisationnelles. C'est pourquoi peu de cabinets se contentent de la première phase et la tendance actuelle est plutôt d'accompagner l'entreprise cliente sur une assez longue période. Dans de telles conditions, le coût apparent peut devenir un investissement rentable.

© Dargaud éditeur, Paris 1980, de LAUZIER, *Les Cadres.*

Chapitre 4. L'identification des métiers de l'entreprise

Loin d'être triviale et inutile, cette étape constitue un aspect majeur du diagnostic stratégique. Bien sûr toutes les entreprises connaissent leur métier. Du moins lorsqu'il s'agit d'exprimer celui-ci en termes concrets, sous la forme de produits le plus souvent : fabricant de casseroles, distributeur de HIFI...

Ce n'est pourtant que dans de très rares cas que cette définition caractérise correctement l'activité de l'entreprise. Elle s'avère de toute façon insuffisante pour réaliser une analyse stratégique de ce métier c'est-à-dire en cerner les caractéristiques, tracer les frontières du marché, identifier les vrais concurrents...

Doit-on dire par exemple que *Majorette* est un fabricant de jouets ? De voitures miniatures ? D'objets de divertissements pour les enfants achetés de façon impulsive? Le métier de *Waterman* est-il de fabriquer des stylos à encre? D'être le leader mondial des instruments à écrire? De produire des objets-cadeaux en Laque de Chine et plaqué-or (stylos, briquets, montres...)?

L'on pressent facilement les nombreuses implications de la formulation du métier:

— du côté de l'offre de l'entreprise: quels sont les savoir-faire nécessaires? Les technologies à maîtriser? Les réseaux de distribution adéquats? L'image cohérente?...

— du côté de la demande à l'entreprise: quelles sont les cibles de clientèle, les vrais concurrents, l'ampleur du marché, les critères d'achat...?

L'une des difficultés vient du fait que l'énoncé du métier est à la fois le résultat de l'analyse et le fruit d'une décision politique des dirigeants. C'est ainsi que *Salomon* pouvait se définir jusqu'en 1984 comme le leader mondial des articles de sport d'hiver. Depuis le rachat de *Taylor Made*, producteur américain d'articles de golf, son métier s'est élargi: c'est désormais «la fabrication de produits à forte valeur ajoutée technologique pour le sportif». Parfois, c'est le diagnostic stratégique lui-même qui fait apparaître la nécessité du choix ou de la redéfinition du métier.

Le découpage des activités est donc un acte essentiel qui s'opère à plusieurs niveaux. Donnons-en un exemple avant de livrer les critères qu'il convient d'utiliser.

A. UN EXEMPLE DE DÉFINITION DE MÉTIER

Un dialogue... imaginé.

— Question: «Quel est votre métier?»

— Réponse: «Professeur de gestion à l'Université»

— Réaction: «Ah! Vous enseignez 4 heures par semaine!»

Deux types d'explication.

Peut-être légèrement vexé, le professeur a deux grandes possibilités pour décrire son activité... au-delà des 4 heures de cours hebdomadaires.

— La première consiste à assimiler son métier à celui d'enseignant ce qui peut, par exemple, l'amener au découpage de la figure 1 :

Fig. 1

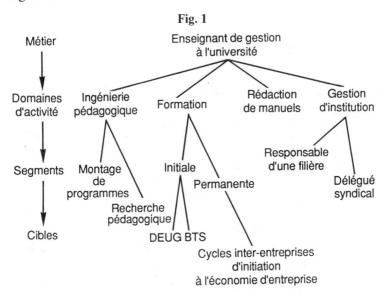

On voit facilement, sans détailler davantage, les compétences requises, les types de travaux nécessaires, les «clients», les «concurrents» éventuels... Au fil des années, ce professeur sera amené à «suivre les besoins des segments»: informatisation de ses cours de comptabilité, élaboration de montages vidéo, actualisation de ses cours en fonction des changements de programme des BTS...

— Supposons maintenant qu'un autre professeur énonce son métier comme suit: «Je suis un spécialiste des méthodes de gestion de production.» Cette définition conduirait vraisemblablement au découpage présenté sur la figure 2.

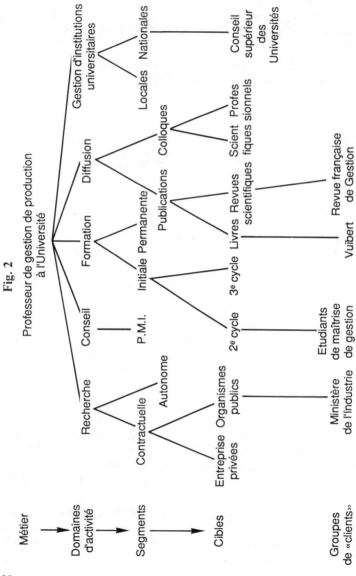

Fig. 2

Professeur de gestion de production à l'Université

Par rapport à la première définition, des domaines d'activité apparaissent et les compétences requises se hiérarchisent différemment : la recherche-développement devient le noyau central, le conseil, la formation... des activités de transfert de la découverte à des acteurs et par des moyens variés.

Il apparaît clairement que le premier métier répond à des «besoins d'enseignement» alors que dans le second c'est la «technologie» (en l'occurrence l'ensemble des découvertes scientifiques et techniques liées à la gestion de la production) qui est motrice et détermine l'éventail des produits offerts et des marchés desservis.

B. IL EN VA DE MÊME POUR LES ENTREPRISES

1. Il leur faut clarifier suffisamment une «*formule d'exploitation*» efficace[1]

c'est-à-dire une combinaison réussie :

— de territoires (créneaux) investis ;

— de produits, services ou systèmes offerts ;

— de ressources internes adaptées.

La formule d'exploitation décrit donc la façon dont l'entreprise s'y prend pour être profitable. Elle concrétise ses avantages concurrentiels.

Naturellement, cette formule évolue dans le temps. Certaines entreprises maîtrisent parfaitement cette évolution ; d'autres au contraire sont plus erratiques. Dans le premier cas, on peut parler de *formule stratégique* pour désigner le chenal de développement selon une logique cohérente. Notre professeur de gestion de production sait ainsi qu'il devra maintenir et enrichir son potentiel technologique ; les produits et les marchés d'appli-

---

[1] L'expression revient à R. NORMANN, *Gérer pour croître*, Economica, 1981.

cation sont, en revanche, relativement indéterminés puisque liés aux « opportunités » qui pourront se présenter.

Le métier de l'entreprise doit donc être analysé de deux façons complémentaires comme l'illustre le schéma suivant (Fig. 3) : en statique, il s'apparente à la *formule d'exploitation* et en dynamique à la *formule de croissance*, l'ensemble pouvant être appelé *formule stratégique*.

Fig. 3

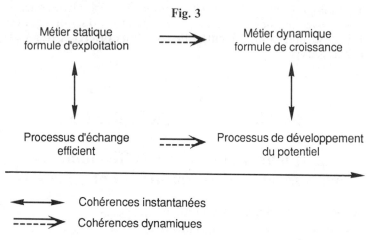

Métier statique
formule d'exploitation

Métier dynamique
formule de croissance

Processus d'échange
efficient

Processus de développement
du potentiel

Cohérences instantanées
Cohérences dynamiques

2. La typologie des formules stratégiques

Selon deux consultants américains, B. Trégoe et J. Zimmerman, l'observation des entreprises permet de dégager neuf types fondamentaux de formule stratégique ([1]).

La compréhension et l'explicitation de la formule stratégique constituent un stade décisif dans le diagnostic. En effet, les forces de faiblesses de l'entreprise ne doivent pas être appréciées dans l'absolu — ce qui n'a pas de sens — mais par rapport à trois catégories de critères : ce que « réclame » l'environnement, les objectifs poursuivis, la stratégie envisagée.

([1]) Qu'ils appellent « force motrice » ; *cf. La Force Motrice, Une nouvelle stratégie pour l'entreprise*, InterEditions, 1982.

Tableau I Les formules stratégiques

Formule stratégique	Stratégie naturelle	Argument stratégique	Exemple
Produits	Extension de marchés	Amélioration technologique des produits	Michelin
Besoins du marché	Produits nouveaux	Différenciation marketing	Gillette Waterman
Technologie	Applications des technologies	Innovation R.D.	Matra Texas Instr.
Capacité de production	Extension de marchés	Amélioration technique produits processus	Entreprise de terrassement sidérurgie
Méthodes de vente	Pénétration de marchés	Différenciation diversification produits	Amway Tupperware
Méthodes de distribution	Idem	Idem logistique	La Redoute
Ressources naturelles	Développement P × M monopole	Contrôle diversification sources	Mines d'or pétroliers
Taille/ croissance	Croissance externe	OPA OPE	Litton
Rendement/ bénéfice	Sélection de portefeuille	Allocation ressources bourse	I.T.T.

Source : A. MARTINET, *Stratégie,* Vuibert, 1983.

L'une des premières conclusions fortes du diagnostic peut d'ailleurs constater l'absence de formule stratégique nettement identifiée.

C. FACTEURS STRATÉGIQUES ET COMPÉTENCES-CLÉS

L'explicitation de la formule stratégique présente un intérêt considérable pour le diagnostiqueur dans la mesure où elle le guide dans l'identification des facteurs stratégiques et des compétences qu'il est nécessaire de maîtriser pleinement pour réussir dans le métier.

En effet, les compétences se hiérarchisent très différemment selon la formule qu'a adoptée l'entreprise. C'est ainsi qu'une firme à dominante technologique comme *Matra* se doit de posséder une très forte capacité en R-D. Ce n'est évidemment pas le cas pour des producteurs de champagne ou d'eaux minérales — qui relèvent de la formule « ressources naturelles » —pour lesquels la maîtrise et la diversification des sources de matière première d'une part, la qualité du marketing pour différencier leur produit d'autre part, sont essentielles. BSN propriétaire de *Badoit* et d'*Evian* l'illustre bien, qui rachète des eaux italiennes après avoir imposé les premières par un effort publicitaire constant et bien orienté. La constitution du groupe *Moet-Hennessy* et ses prises de position dans le « champagne » californien en donnent un deuxième exemple.

Dans le cadre des grandes fonctions-clés suggérées par la formule stratégique, il convient donc de mettre en correspondance les caractéristiques que « réclament » les acheteurs et les grands moyens nécessaires pour les satisfaire. Dans le secteur très difficile de l'imprimerie aux Etats-Unis, la société *Pandick* a réussi à s'imposer en devenant le leader de la publication des cours de Bourse et informations financières sensibles à Wall-Street qui ne tolère aucune erreur et aucun délai. Son outil de fabrication associé à la rigueur et à la célérité de ses typographes lui permettent de «sortir» avec 12 minutes d'avance sur ses concurrents ce qui est décisif (¹).

L'analyse permet donc de mettre en évidence les atouts et handicaps de l'entreprise et parfois aussi ses aptitudes... inutiles et donc coûteuses ou sous-employées. Une fonction marketing onéreuse s'employant à développer une image de marque est ainsi moins importante dans une PMI de sous-traitance que la maîtrise de la dépendance à l'égard des donneurs d'ordre, l'efficience et la souplesse de la production, la faiblesse des charges fixes.

On peut d'ailleurs donner une illustration de ces distinctions dans ce domaine de la sous-traitance par la figure 4.

D. LA SEGMENTATION STRATÉGIQUE

Ce découpage est à la fois indispensable et délicat à opérer. Il consiste à construire plusieurs niveaux homogènes qui s'emboîtent les uns dans les autres tels un jeu de poupées russes.

1. Fondements de la segmentation stratégique

A la suite des propositions de D.F. Abell, J.S. Hammond et G.S. Day notamment(²), on peut retenir quatre dimensions essentielles de découpage des activités :

— les groupes de clients concernés, définis selon le cas par des critères socio-professionnels, démographiques, géographiques...,

— les fonctions remplies par le produit,

— la nature des technologies utilisées pour satisfaire ces fonctions,

---

(¹) D. CLIFFORD, R. CAVANAGH, *Guérilla pour la Croissance*, InterEditions, 1987.

(²) Voir notamment D.F. ABELL, *Defining the Bussiness. The Starting Point of Strategic Planning*, Prentice Hall, 1980.

Fig. 4. Rôle des fonctions stratégiques par type d'activité

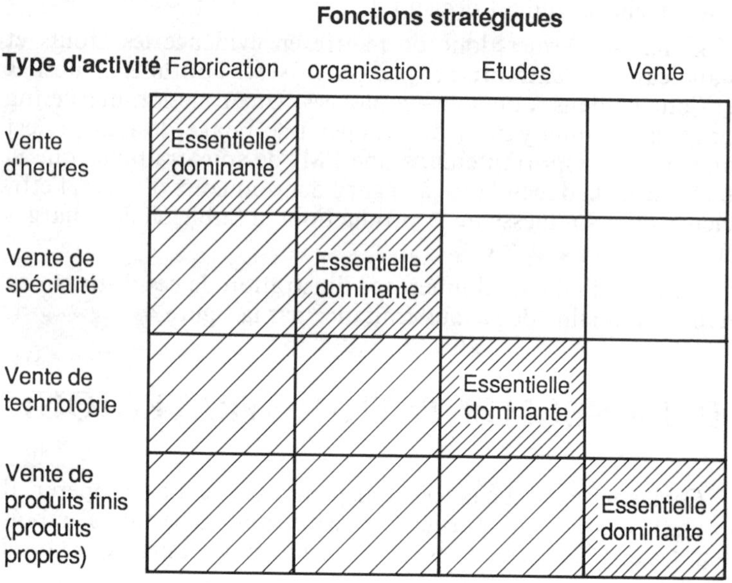

Fonctions stratégiques

Type d'activité	Fabrication	organisation	Etudes	Vente
Vente d'heures	Essentielle dominante			
Vente de spécialité		Essentielle dominante		
Vente de technologie			Essentielle dominante	
Vente de produits finis (produits propres)				Essentielle dominante

Il s'agit du cas ou la fonction correspondante est essentielle à l'activité considérée. C'est la fonction dominante dans le portefeuille de fonctions stratégiques de l'établissement.

La fonction correspondante est non essentielle ou bien elle existe mais ne requiert que peu de moyens. (Elle peut néanmoins rester importante dans certains cas.)

Dans les cas intermédiaires la fonction correspondante peut jouer un rôle variable selon les cas, allant de faible à important, néanmoins ce n'est pas la fonction dominante.

Source: J.P. BRECHET, *Portefeuille de savoir-faire et stratégie de la PMI*, thèse, IAE Poitiers, 1987, p. 349 bis.

— le(s) niveau(x) de production-distribution auquel(s) se situe l'entreprise.

Ce découpage permet aussi, bien sûr, de mettre en évidence les positionnements des concurrents qui peuvent se faire sur des segments décalés.

L'exemple célèbre du scanner, donné par Abell lui-même, à partir des trois premières dimensions, l'illustre bien (Fig. 5).

Fig. 5. E.M.I.

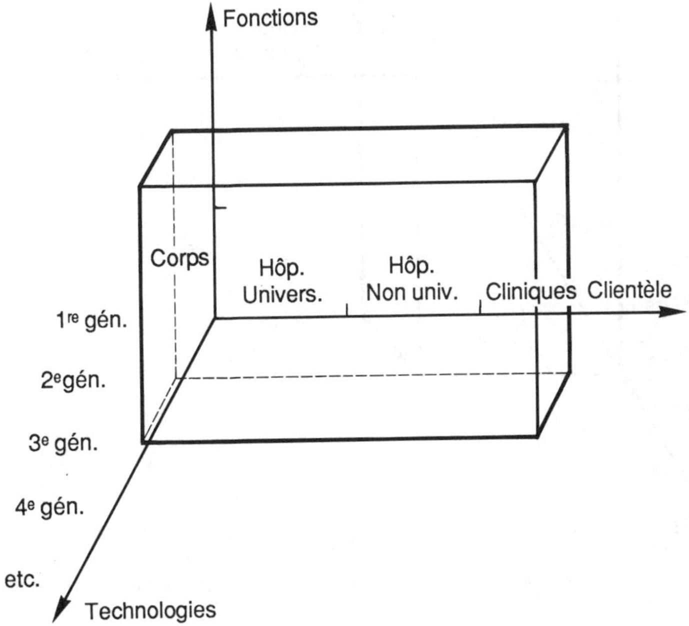

Source : ABELL, repris par B. SAPORTA, *Stratégies pour la PME*, Montchrestien, p. 178.

S'agissant de la quatrième dimension, un bon exemple est fourni par *Casino* qui possède ses propres unités de production agro-alimentaires — comme la SAF pour les confitures et bien

Fig. 6. General Electric

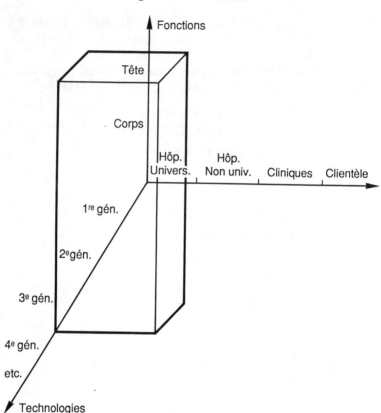

Source : ABELL, repris par B. SAPORTA, *Stratégies pour la PME,* Montchrestien, p. 178.

d'autres fabrications — ce qui n'est pas le cas de tous les grands distributeurs.

La mise en évidence des différents niveaux de la segmentation doit donc se doubler de l'identification des facteurs stratégiques ou «facteurs-clés de succès» comme le montrent la figure 6 et le tableau II.

Fig. 7. La segmentation stratégique de l'industrie de la peinture

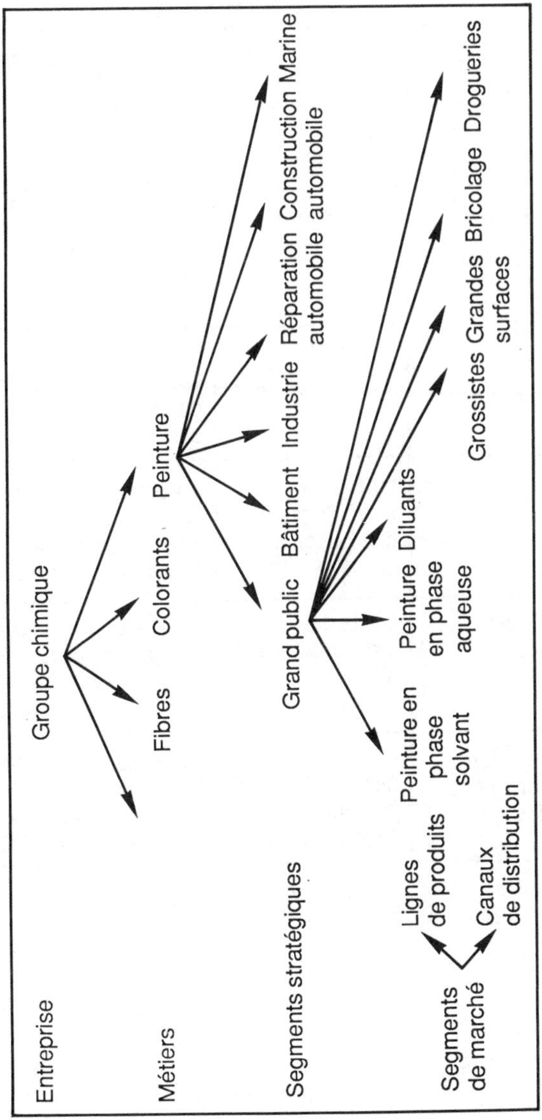

Tableau II

Segments	Facteurs clefs de succès	Limites géographiques du segment
Bâtiment	Réseau de distribution	Nationale/voire régionale.
Grand public	Marketing	Nationale. La faible valeur ajoutée du produit et l'importance du marketing limitent les échanges.
Industriel	Technico-commercial	Nationale, avec tendance à l'européanisation, à travers une certaine standardisation des produits.
Réparation automobile	Innovation technologique/ distribution	Européenne. Le rôle croissant des réseaux constructeurs dans la réparation pousse à l'internationalisation.
Construction automobile	Coûts de production/effets d'échelle	Mondiale. Un nombre limité de clients (les constructeurs automobiles) avec une politique d'achat internationale.
Construction et réparation navales	Innovation technologique et présence internationale	Mondiale. Le marché est contrôlé par trois producteurs qui couvrent le monde par l'intermédiaire de licenciés.

Source: ADER, LAURIOL, *La segmentation, fondement de l'analyse stratégique,* Harvard-l'Expansion, printemps 1986.

2. Les étapes techniques de la segmentation stratégique

R. Calori et G. Petit les décrivent ainsi([1]):

1° Enumérer les activités élémentaires de l'entreprise selon les quatre dimensions énoncées précédemment en utilisant une grille de collecte d'informations du tableau III.

Tableau III

Technologies	Fonctions ou applications	Groupes d'acheteurs	Niveau(x) de production distribution
T_1 • • • •	F_1 • • • •	A_1 • • • •	

2° Identifier les facteurs-clés de succès de chaque activité élémentaire, c'est-à-dire en pratique les triplets, du type (T_1, F_1, A_1), en croisant les avis exprimés par les experts internes et externes à l'entreprise.

3° Regrouper ces activités élémentaires en DAS en constituant des groupes homogènes en termes de facteurs-clés de succès.

4° Regrouper les DAS qui partagent les mêmes ressources, savoir-faire, compétence... en «bases stratégiques» qui sont dès lors quasiment indépendantes et donnent le portefeuille de métiers de l'entreprise.

La segmentation stratégique ainsi obtenue permet de conduire un diagnostic de compétitivité, chose impossible si l'on prend d'emblée l'entreprise dans son ensemble... à moins qu'elle ne soit constituée que d'un seul DAS.

([1]) *Cf.* article *Segmentation stratégique* in *Encyclopédie des Sciences de Gestion,* Vuibert, 1988.

Dessin d'Avoine paru dans l'*Expansion* du 18 mars-7 avril 1983.

Chapitre 5.
L'analyse stratégique
de la compétitivité

Le métier et la formule stratégique ayant été identifiés, les DAS découpés de façon au moins provisoire, le diagnostic doit se saisir de trois séries de questions cruciales;

— Les DAS offrent-ils un potentiel de performances (profitabilité et croissance), présent et à venir, jugé suffisant pour les objectifs poursuivis?

— Quelle est la position compétitive de l'entreprise sur chacun d'eux. Par quels facteurs est-elle influencée?

— Cette position est-elle viable, tenable, développable? A quelles conditions?

On a vu que la formule stratégique donnait une orientation principale puisqu'elle désigne la force motrice de l'entreprise. Elle peut donc guider l'analyse de la compétitivité.

Pour simplifier, nous retiendrons deux types de situation :

— les formules produit et besoins du marché pour lesquelles les secteurs d'activité sont le plus souvent cernables ;

— la formule technologique qui entraîne une grande difficulté à identifier avec précision et a priori les domaines d'application.

Le premier type peut recevoir une analyse de la compétitivité relativement classique, c'est-à-dire centrée sur les produits et les marchés, quitte, si besoin est, à donner à la technologie un poids important.

Le second type nécessite de mettre l'accent en priorité sur l'étude de la compétitivité de ladite technologie pour examiner corrélativement la viabilité des secteurs d'application.

Pour des raisons de commodité, la démarche inhérente à ce second type sera présentée dans le chapitre suivant.

A. LES TYPES D'ENVIRONNEMENTS CONCURRENTIELS ([1])

1. La typologie du BCG

Le BCG a présenté, au début des années 80, une typologie des environnements concurrentiels qui, bien que très simplificatrice, s'avère utile pour débuter l'analyse.

Quatre types sont construits en croisant deux dimensions, comme l'illustre le tableau I.

— le nombre de manières qu'ont les concurrents de se différencier ;

— l'importance de l'avantage concurrentiel possible.

([1]) Une présentation détaillée est fournie par P. BUIGES, *Prospective et Compétitivité*, Mc Graw Hill, 1985, ch. 5.

Fig. 1

Avantage concurrentiel potentiel

Multiples **Sources de différenciation**	Fragmenté	Spécialisation
Limitées	Impasse	Volume
	Faible	*Elevé*

Source : P. BUIGUES, *op. cit.* p. 68.

Au-delà de cette définition, l'on peut résumer les caractéristiques de chaque type sur le tableau I.

Il est à noter que les activités ne se rangent pas éternellement dans l'un des types. Bien au contraire, la dynamique d'évolution des secteurs, sous l'effet de mutations économiques, technologiques, des stratégies de firmes... pousse à des passages qu'il est impératif de détecter à temps. Ainsi, par exemple, *Kis* a réussi à transformer une activité fragmentée — la duplication de clés —en une activité spécialisée, pour tenter d'en faire une activité de volume qu'il dominerait mondialement.

Il est assez fréquent que l'évolution se fasse ainsi (Fig. 2).

Présentons rapidement la démarche utilisable dans chaque cas avant de détailler chaque méthode.

2. A chaque type, une démarche

Environnement de volume.

Par définition, l'on enregistre une baisse significative des coûts à mesure qu'augmente l'échelle de production ou l'expé-

Tableau I

Fragmentation	Spécialisation
• Pas d'économies, voire déséconomies d'échelle • Peu de barrières à l'entrée • Avantages compétitifs nombreux mais instables *ex. :* Artisanat, restauration classique, conseil aux entreprises...	• Fortes marges en cas de différenciation réussie • Economies d'échelle restreintes au segment • Marketing déterminant *ex. :* Laboratoires pharmarceutiques, voitures de luxe, logiciels...
Impasse	Volume
• Peu de différenciation possible • Economies d'échelle épuisées • Technologie banalisée *ex. :* Sidérurgie, chantiers navals, pâte à papier...	• Economies d'échelle et/ou effet d'expérience élevés • Domination par les coûts nécessaire *ex. :* Fast-food, grande distribution, électro-ménager, voitures moyennes...

Source : Adapté de P. BUIGUES, *op. cit.,* p. 70.

rience accumulée. La structure concurrentielle est fréquemment celle de l'oligopole, formé de quelques entreprises qui se connaissent bien et sont capables de déterminer leurs parts de marché respectives.

On est donc en mesure d'utiliser la méthode BCG I puisque les conditions d'application en sont respectées. Il convient de veiller particulièrement à :

— l'équilibre offre/demande globales et aux surcapacités de production éventuelles ;

Fig. 2

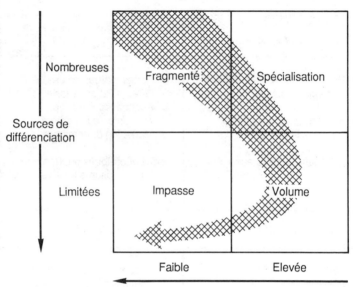

Source: P. BUIGUES, *op. cit.,* p. 72.

— le taux de croissance qui, s'il fléchit, risque d'amener à une situation d'impasse;

— la cause principale de baisse des coûts: est-ce l'effet d'expérience qui donne une prime au plus ancien? Ou bien les économies d'échelle stricto sensu qui récompensent celui qui a la plus grosse capacité de production? Ou encore l'innovation dans les processus de fabrication?

La matrice BCG peut utilement être complétée par l'analyse de la chaîne de valeur ajoutée proposée par Porter qui permet de détecter les stades sur lesquels pourrait être accru l'avantage concurrentiel.

La conclusion du diagnostic est en général assez simple et renvoie aux stratégies-types suggérées par le BCG même si elles doivent être affinées.

Environnement d'impasse.

C'est évidemment le cas difficile car le diagnostic ne peut se contenter de dire qu'il ne fallait pas se retrouver dans cette situation.

La méthode BCG I est inopérante puisque les économies d'échelle et l'effet d'expérience ne jouent plus suffisamment. La technologie est banalisée, très voisine d'un concurrent à l'autre, le marché stagnant. Ce type de secteur n'est de plus pas à l'abri de l'entrée de nouveaux concurrents fonctionnant dans des conditions différentes (Asie du Sud-Est, pays en voie de développement...).

En première analyse on peut utiliser les démarches de Porter afin de mieux segmenter et surtout de reforger des avantages concurrentiels même réduits. Il est fréquemment nécessaire de pousser ensuite l'analyse marketing à un niveau assez fin pour dégager les axes de différenciations viables.

Environnement de spécialisation.

L'on sait que la différenciation sur des éléments autres que le prix (design, qualité, services...) est l'argument compétitif essentiel de même que la spécialisation sur des stades ou des segments à forte valeur ajoutée.

La méthode ADL peut être utilisée, corrélativement avec l'analyse de la chaîne de valeur de Porter.

Environnement fragmenté.

La demande y est très différenciée, les effets d'expérience et de volume ne jouent pas, bien au contraire. L'analyse doit porter sur la compréhension des raisons de la fragmentation et des facteurs susceptibles de la remettre en cause par le biais de la démarche de Porter. Il peut être nécessaire de procéder à une analyse de l'environnement élargie aux variables sociologiques, culturelles... afin de détecter les besoins ou demandes non satisfaits sur lesquels pourrait se fonder une spécialisation.

L'on voit donc que chaque type d'environnement concurrentiel peut justifier l'utilisation d'une ou plusieurs méthodes et techniques d'analyse de la compétition. Il convient, en conséquence, de les exposer avec suffisamment de détail.

B. LES MÉTHODES ET TECHNIQUES D'ANALYSE USUELLE

1. La méthode BCG I

On l'a dit au chapitre 2, la méthode BCG I retient deux dimensions pour situer chaque DAS : le taux de croissance et la part de marché. Dans le cas où cette dernière peut être calculée arithmétiquement parce que l'on connait à la fois le volume total du marché et les ventes de l'entreprise pour le DAS concerné — les immatriculations de véhicules par exemple — on utilisera la part de marché réelle. Dans les autres cas, les plus fréquents, on se contentera de la part de marché relative c'est-à-dire calculée par rapport au leader. Par exemple si ce dernier vend 100 000 unités par an et l'entreprise qui nous intéresse 40 000, on dira que sa part de marché relative est :

$$pm = \frac{40\,000}{100\,000} = 0,4\ x.$$

La part du marché du leader, si c'est lui qui nous intéresse, sera calculée par rapport au deuxième, par exemple :

$$pm = \frac{100\,000}{70\,000} = 1,43\ x.$$

La matrice la plus adaptée est alors du type semi-logarithmique de la figure 3.

J. P. Sallenave[1] indique les étapes à suivre :

---

[1] J.-P. SALLENAVE, *Direction générale et stratégie d'entreprise,* Ed. d'Organisation, 1984, pp. 199 sq.

Fig. 3

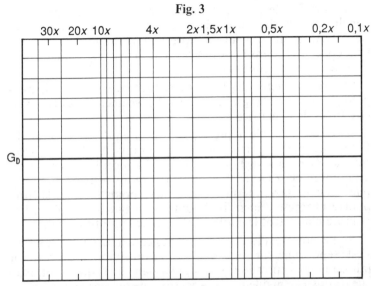

Source: J.-P. Sallenave, *Direction générale et stratégie d'entreprise,* Ed. d'Organisation, p. 199.

— déterminer le point de croissance moyenne en ordonnée $\bar{g}_D$. Ce peut être le taux de croissance de l'ensemble du secteur (*ex:* la construction automobile) ou enfin une valeur arbitraire jugée discriminante par les dirigeants,

— graduer l'axe vertical à partir de $\bar{g}_D$ vers le haut et le bas en utilisant une échelle lisible,

— graduer l'axe horizontal à partir de 1 *x*,

— calculer l'aire occupée par chaque DAS en proportion de son chiffre d'affaires dans les ventes totales de l'entreprise (*ex:* le DAS$_1$ réalise 35 % du CA de l'entreprise, son diamètre, relativement aux autres est: $d = \dfrac{1}{2} \sqrt{\dfrac{35}{100}} = 0,29$),

— placer chaque centre de cercle aux coordonnées: part de marché relative, croissance de la demande.

Le portefeuille ainsi obtenu permet de poser les premières conclusions du diagnostic de compétitivité selon que les différents DAS se distribuent de façon équilibrée ou, au contraire, sont concentrés dans l'une des cases de la matrice comme l'illustrent les trois cas suivants.

Les trois portefeuilles théoriques qui figurent sur la figure 4, p. 81, fournissent les grandes lignes d'enseignement qui peuvent être tirées de la matrice.

— Le portefeuille 1 présente un bon équilibre général : les DAS sont bien répartis dans les quadrants. La firme possède suffisamment de « vaches à lait » pour financer les « dilemmes ». Le nombre de ses « vedettes » sont tels qu'ils peuvent assurer la relève sur le moyen terme. Quant aux « poids morts », la firme pourra progressivement les liquider sans que leur taille et leur nombre n'affectent le chiffre d'affaires et le profit globaux.

— Le portefeuille 2, en revanche, caractérise une firme qui s'est « endormie sur ses lauriers ». Sa profitabilité est forte du fait de la concentration de ses DAS dans le 3e quadrant, mais elle ne possède ni dilemme ni vedette et ne sait pas où investir ses surplus de liquidités. Faute d'en acquérir rapidement, elle s'expose à ne gérer un jour que des poids morts.

— Le portefeuille 3, quant à lui, est représentatif d'une entreprise désarticulée. Entre des DAS sur le déclin (quadrant IV) et de nombreux dilemmes, elle ne possède ni vedette ni vaches à lait. Faute de liquidités, l'entreprise risque de ne pas pouvoir assurer le passage de ses dilemmes en vedettes et s'expose à leur déclin direct.

Ce diagnostic peut être affiné de deux façons :

— d'abord en comparant (par simple superposition si les schémas ont été exécutés sur transparents) les portefeuilles sur par exemple les années A, A-1, A-2,

— ensuite en essayant de projeter les évolutions probables en fonction des informations dont on dispose sur les décisions que semblent devoir prendre les concurrents et les stratégies que l'entreprise concernée envisage.

Fig. 4. Part de marché relative
(par rapport aux ventes du concurrent principal)

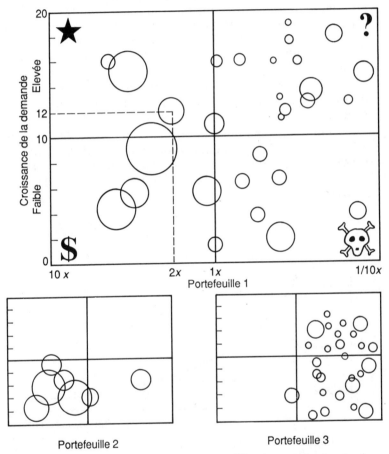

Source: J. P. SALLENAVE, «Comment gérer un millier de produits simultané-
ment?» *in Revue française de gestion,* mai-juin 1979, p. 27. Repris dans
A. Ch. MARTINET, *Stratégie,* p. 95-96.

Pour ce faire, une aide est constituée par l'interprétation de *la courbe d'expérience* qui prévaut dans chaque DAS:

— au niveau le plus élémentaire, elle exprime la diminution du nombre d'heures (et donc du coût relatif) de travail nécessaires pour fabriquer un produit à mesure que la production s'accumule. A ce stade, elle concrétise «l'habileté croissante» des opérateurs, ainsi que l'ont montré nombre d'observations empiriques,

— à un niveau intermédiaire, on met en évidence une relation du même type entre le coût de production et la quantité de production cumulée,

— enfin, au stade final, en incluant dans les coûts tous les éléments dus à la conception, la production et la distribution du produit, mais aussi les coûts d'investissement, de service aprèsvente et d'administration, le BCG observe le maintien de la relation (Fig. 5).

Fig. 5

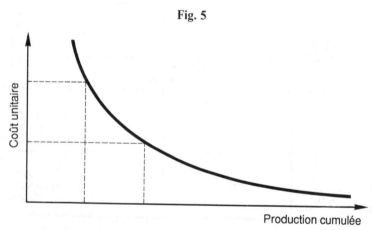

De façon plus précise, on admet que le coût unitaire total d'un produit diminue d'un pourcentage constant à chaque doublement de l'expérience. D'où une courbe (Fig. 5) en coordonnées linéaires et une droite en coordonnées logarithmiques:

$$C_n = C_1 n^{-\lambda}$$

$$\log C_n = \log C_l - \lambda \log n.$$

Pour une activité donnée (un domaine), en considérant que les parts de marché entre les concurrents se distribuent en fonction de leurs productions respectives, on va donc enregistrer différentes positions sur la courbe d'expérience et constater que la meilleure marge est obtenue par le producteur le plus important (Fig. 6).

Fig. 6

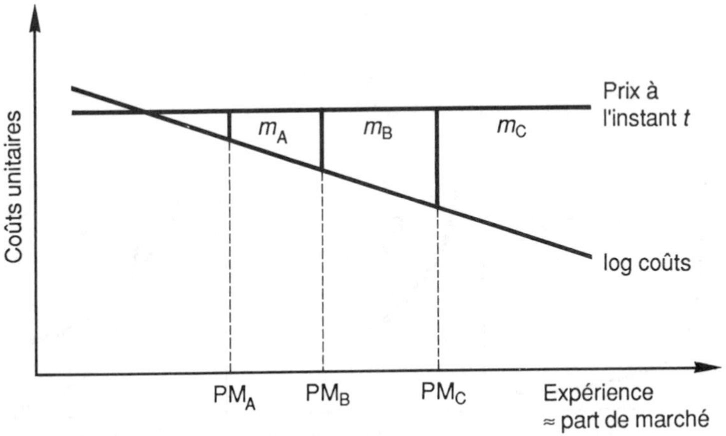

avec PM_A = part de marché de la firme A
m_A = marge unitaire de la firme A

On voit sur le schéma que le concurrent dominant C a le choix des manœuvres stratégiques :

— en réinvestissant ses ressources financières plus importantes, il peut accélérer sa descente sur la courbe et augmenter ainsi sa marge relative et sa part de marché ;

— en pesant sur le prix, il peut mettre A en situation déficitaire et par exemple le contrôler, l'absorber ou l'éliminer.

En revanche, le concurrent dominé A doit choisir entre des stratégies défensives :

— rester dans le domaine (avec le risque ci-dessus);

— déplacer la concurrence en s'efforçant de se construire un «créneau», c'est-à-dire en segmentant le domaine, trop grand pour ses capacités;

— quitter le domaine d'activité.

Il convient tout spécialement de déterminer l'influence respective de chacun des trois facteurs qui concourent à la baisse des coûts — l'apprentissage, les économies d'échelle, le progrès technique — et dont les implications stratégiques sont différentes.

• 3 *causes qui concourent au même résultat: la baisse des coûts unitaires (coûts moyens) (Fig. 7);*

Fig. 7

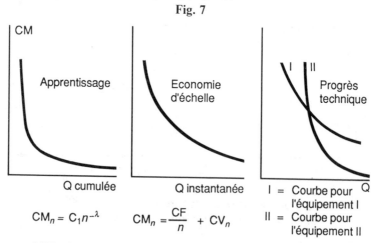

$$CM_n = C_1 n^{-\lambda} \qquad CM_n = \frac{CF}{n} + CV_n$$

I = Courbe pour l'équipement I

II = Courbe pour l'équipement II

• *Mais dont les implications stratégiques sont différentes:*

Apprentissage → Accumulez de la production
Economies d'échelle → Installez de la capacité
Progrès technique → Innovez en Process

Source: A. Ch. Martinet, *Stratégie,* p. 99.

Au-delà, une amélioration du diagnostic suppose que l'on sorte de la méthode BCG.

2. La méthode Arthur D. Little (ADL)

Proposée par cet autre grand cabinet américain de conseil en stratégie, elle se veut moins « mécanique » ou plus « organique » que la démarche du BCG.

Cela se traduit notamment par une approche multi-critères regroupés autour de deux dimensions :

— la maturité du secteur,

— la position compétitive de l'entreprise.

La présentation est également matricielle (5 × 4) comme le montre la figure 8.

ADL suggère un certain nombre de critères fondamentaux pour déterminer le stade de maturité du secteur et la position concurrentielle comme l'indiquent les tableaux II et III.

Il est toutefois clair que la démarche reste souple et ouverte : selon les spécificités du métier, l'on pourra introduire des critères, le cas échéant plus fins, qui permettront de mieux cerner l'intérêt du secteur ou la force de l'entreprise.

L'utilisation de la méthode ADL est voisine de celle du BCG puisqu'elle permet :

— de donner à l'entreprise des indications sur les stratégies à pratiquer dans chaque domaine,

— de gérer globalement son portefeuille d'activité,

— de faire un lien entre la position stratégique et la situation financière (*cf.* ch. 7).

La méthode ADL présente des avantages et inconvénients symétriques de la méthode BCG. Ce qu'elle gagne en qualité, elle le perd en quantification. Mieux à même de rendre compte des situations complexes, elle est évidemment moins simple à mettre en œuvre.

Ses deux atouts par rapport à sa « concurrente » sont incontestablement :

Fig. 8. Maturité — attrait du secteur

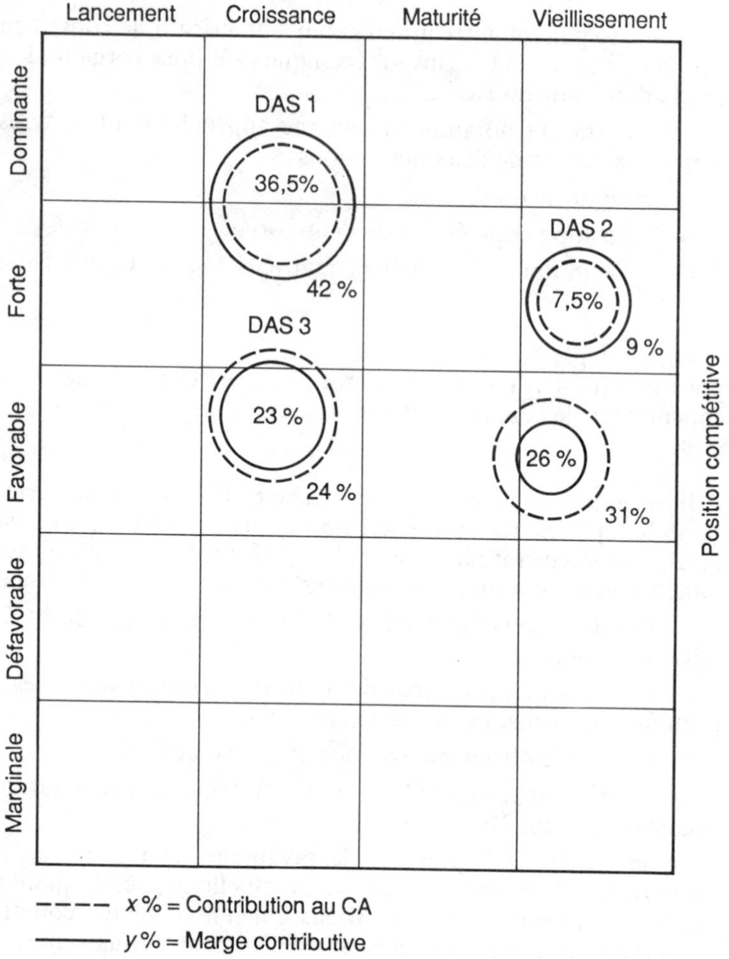

Tableau II. Classification des positions concurrentielles stratégiques

Position	Caractéristiques
1. Dominante	• Est capable de contrôler le comportement de ses concurrents (en matière de performances ou de stratégie) : • Dispose du plus vaste choix d'options stratégiques, indépendamment de ses concurrents.
2. Forte	• Est capable de mener la politique de son choix sans mettre en danger sa position à long terme.
3. Favorable	• Dispose d'atouts exploitables pour la conduite de certaines stratégies. • A de très bonnes chances de pouvoir maintenir sa position à long terme.
4. Défavorable	• A des performances suffisamment satisfaisantes pour justifier une continuation de ses activités. • Subsiste généralement du fait de la tolérance (volontaire ou non) des concurrents plus importants. • A des chances moyennes (ou inférieures à la moyenne) de pouvoir maintenir sa position à long terme.
5. Marginale	• A des performances peu satisfaisantes actuellement, mais à des possibilités d'améliorer sa position. • Peut avoir les caractéristiques d'une position meilleure, mais présente une faiblesse majeure. • Peut survivre à court terme, mais doit améliorer sa position pour avoir une chance de survivre à long terme.

Source : ADL. Repris dans M. GODET, *Prospective et Planification Stratégique,* Economica, p. 222.

Tableau III. Feuille de détermination de la maturité du secteur

Indicateurs	Démarrage	Croissance		Maturité	Vieillissement
1. Taux de croissance	Beaucoup plus rapide que le P.N.B.	Plus rapide que le P.N.B.		Egal ou inférieur au P.N.B.	Croissance très faible ou nulle ou déclin
2. Potentiel de croissance	Essentiellement insatisfait/relativement inconnu	En partie insatisfait/relativement connu		Satisfait dans l'ensemble/connu	Satisfait/bien connu
3. Gamme de produits	Etroite : peu de variétés	Large : prolifération		Large : rationalisation	Etroite (produit de base) ou large si le secteur éclaté
4. Nombre de concurrents	Pas de règle générale/souvent en augmentation	Maximum	En diminution	Stable ou en diminution	Minimum, à moins d'un retour au stade artisanal
5. Distribution des parts de marché	Pas de règle générale/souvent très fragmentée	Concentration progressive (ou rapide)		Stable	Concentrée ou au contraire très fragmentée
6. Stabilité des parts de marché	Instable	Progressivement stable		Assez stable	Très stable
7. Stabilité de la clientèle	Instable	Progressivement stable		Stable	Très stable
8. Facilité d'accès au secteur	Facile	Plus difficile		Très difficile	Peu tentant
9. Technologie	Evolution rapide Technologie assez mal connue	Changeante		Connue/accès aisé	Connue/accès aisé

Source: ADL. Repris dans M. GODET, p. 221.

— son caractère plus général car elle ne préjuge en rien du type de compétition qui se manifeste dans un secteur. Les arguments décisifs de la concurrence sont à découvrir par l'analyste, la compétition par les coûts n'étant que l'une des modalités possibles. Elle est donc susceptible de convenir à des industries concentrées comme à des secteurs plus spécialisés voire même fragmentés, la position concurrentielle pouvant s'apprécier selon des critères très fins,

— son caractère heuristique qui contraint l'utilisateur à davantage de recueil d'informations et de réflexion alors que les coordonnées dans la matrice BCG ne sont parfois qu'une illusion de précision.

C'est sans doute pour cela que certains la trouvent trop lourde à manipuler.

3. L'analyse industrielle de Michaël Porter

Nous en avons donné l'esprit au chapitre 2. Il convient maintenant d'en détailler la technique et le contenu. Rappelons qu'elle a été publiée dans deux forts volumes du professeur à Harvard[1].

La démarche, elle aussi très heuristique, proposée par Porter comporte trois volets: la détermination des forces concurrentielles, l'analyse de la structure industrielle, la détection des avantages concurrentiels.

La détermination des forces concurrentielles.

Souvenons-nous que «le jeu concurrentiel résulte de cinq forces: l'entrée de nouveaux concurrents, la menace de produits de remplacement, le pouvoir de négociation des clients, le pouvoir de négociation des fournisseurs et la rivalité entre les concurrents existants»[2].

---

[1] *Choix Stratégiques et Concurrence,* Economica, 1982, 426 p., puis *L'Avantage Concurrentiel,* InterEditions, 1986, 647 p.

[2] M. E. PORTER, *L'Avantage Concurrentiel, op. cit.*, p. 15.

L'intensité de chacune de ces forces dépend de certaines caractéristiques :

L'intensité de la lutte entre les firmes établies.

Elle est déterminée par des facteurs que nous avons évoqués à propos des méthodes classiques, comme par d'autres insuffisamment explicités par celles-ci :

— la structure concurrentielle : lorsque les concurrents sont nombreux et de taille voisine, on assiste généralement à une forte instabilité de l'industrie, alors que cette concurrence se stabilise quand quelques firmes ont réussi à la dominer (*ex. :* Continental Can et American Can aux États-Unis pour l'emballage métallique ; BSN et Saint-Gobain en France avant que le premier se retire du verre plat) ;

— la faiblesse du taux de croissance qui pousse les firmes à s'arracher des parts de marché faute de demande nouvelle (industries en maturité ou en déclin) ;

— l'absence de différenciation des produits qui rend les consommateurs peu fidèles à la marque et intensifie la concurrence par les prix (produits de grande consommation banalisés ou matières de base) ;

— l'importance des charges fixes qui contraint les entreprises à baisser les prix dès que la demande fléchit (papier, aluminium) ;

— l'indivisibilité du capital technique : lorsque les capacités de production ne peuvent être augmentées que de façon discontinue et massive (produits chimiques comme le chlore), l'industrie se trouve périodiquement en surcapacité et enregistre des baisses de prix ;

— l'existence de barrières à la sortie élevées, du fait d'importants actifs techniquement spécialisés par exemple, provoque aussi des surcapacités et des baisses de rentabilité (sidérurgie) ;

— le fait que certains concurrents soient davantage diversifiés ou aient une culture différente de celle qui prédomine dans la branche peut leur permettre des actions déstabilisantes pour les autres ;

— l'innovation technologique qui peut autoriser des baisses importantes de coûts de production.

La menace de nouveaux arrivants.

Dans toute industrie la menace de concurrents potentiels sera contrecarrée par l'existence de barrières à l'entrée élevées ou par des actions appropriées de firmes établies.

a) Les barrières à l'entrée.

Elles constituent l'ensemble des difficultés que les concurrents potentiels doivent affronter pour s'établir dans l'industrie, et se traduisent généralement par des coûts d'établissement élevés.

Les principales barrières à l'entrée ressortissent à plusieurs facteurs :

— les handicaps de coûts liés à la dimension du fait des économies d'échelle ou de l'effet d'expérience enregistrés par les firmes en place (industrie du ciment par exemple) ;

— les handicaps de coûts indépendants de la taille : accès à des technologies, à des matières premières privilégiées, localisations favorables, aides des Pouvoirs publics, ... ;

— la « masse critique » en capitaux ;

— la différenciation des produits et l'image de marque des firmes en place. L'effort marketing à accomplir pour rendre les consommateurs fidèles est très important (*ex. :* bières, boissons non alcoolisées, pharmacie, ...) ;

— l'accès aux canaux de distribution : pour les produits de grande consommation largement commercialisés en hypermarchés, le nouvel entrant doit « chasser les anciens des linéaires » (baisses de prix, promotion, publicité, ...) ;

— les politiques gouvernementales : les barrières douanières, les quotas d'importation, les normes techniques, les monopoles publics, les concessions, ... constituent autant de difficultés bien connues des entreprises à stratégie internationale.

b) Le comportement des firmes établies, quant à lui, renforce ou abaisse les barrières à l'entrée. Parmi les actions de renforcement, citons le maintien des prix de vente à un niveau trop bas pour octroyer un profit aux entrants, l'effort d'innovation-produit, l'innovation en processus de production et les gains de productivité.

La menace de produits de substitution.

Elle exerce une pression permanente sur les profits auxquels peut prétendre une industrie en poussant celle-ci à maintenir des prix compétitifs (*a contrario*, l'augmentation du prix du pétrole a accéléré la recherche sur les énergies de substitution).

Au-delà du seul phénomène prix, l'entreprise doit être attentive aux évolutions technologiques susceptibles d'affecter la fonction de ses produits. Pendant longtemps, l'industrie horlogère n'a pas vu, puis n'a pas cru à la menace de la filière électronique (montres à quartz). De la même façon la société française *Graphoplex* qui jouissait d'une confortable position sur la règle à calcul a dû se redéployer très vite face à la conquête du marché par les calculettes.

Le pouvoir de négociation des acheteurs.

Les analyses de certains économistes comme J. K. Galbraith, dans les années soixante, ont abouti à une vision déformée des relations producteurs-consommateurs, en donnant à penser que les premiers exerçaient un effet de domination permanent sur les seconds.

La réalité est devenue plus subtile et dans de nombreuses industries, le pouvoir des acheteurs — qui ne sont pas nécessairement des consommateurs — s'est considérablement développé. Ainsi, les stratégies des entreprises françaises du petit électroménager ou de certains produits alimentaires sont fortement contraintes par la grande distribution.

Selon Porter, le pouvoir de négociation des acheteurs sera d'autant plus fort que ceux-ci sont concentrés et/ou achètent en grande quantité, que les produits sont indifférenciés, que ces achats représentent une part élevée de leurs prix de revient.

De même des stratégies de concentration horizontale ou d'intégration verticale des acheteurs exerceront des pressions notables sur le producteur.

Le pouvoir de négociation des fournisseurs.

Le jeu que peuvent mener les fournisseurs en matière de prix, qualité, délais, voire quantités est susceptible d'avoir des conséquences marquées sur la rentabilité de l'industrie.

Leur pouvoir sera généralement proportionné à leur concentration, à l'unicité ou à la faible différenciation des produits vendus, ou bien encore à l'élévation du «coût du changement», par exemple grâce à des spécifications techniques (informatique).

A ce stade de l'exposé, il convient de remarquer qu'un des mérites de l'analyse de Porter est de nous ramener à une appréhension plus large et plus saine de la dynamique concurrentielle. Crispées sur le marché final, les méthodes classiques laissent dans l'ombre les importants phénomènes que nous venons de rappeler. Il est pourtant essentiel de garder en mémoire que la stratégie globale de l'entreprise ne peut durablement négliger les rapports de pouvoirs qui s'instaurent entre elle et ses fournisseurs ou ses acheteurs.

L'analyse de la structure.

Dans l'étape précédente, l'étude de l'industrie reste générale. Elle a essentiellement comme but de faire émerger les principales forces concurrentielles et de les hiérarchiser.

Mais l'analyse suppose une deuxième étape qui vise à établir une véritable «carte» de l'industrie, montrant comment se situent, sur ce terrain, les forces en présence, les concurrents... et les armes stratégiques qu'ils utilisent.

Les dimensions des stratégies compétitives.

L'observation des comportements des entreprises dans une industrie donnée montre que, fréquemment, ceux-ci diffèrent: certaines firmes offrent des produits de qualité courante alors que d'autres «jouent le haut de gamme», les unes s'intègrent verticalement, d'autres préfèrent la sous-traitance...

Ces choix stratégiques vont déterminer progressivement la structure interne de l'industrie dont il convient de construire l'image la plus pertinente possible. Si dans la réalité ces choix sont très divers, ils sont presque toujours des variantes d'une dizaine de dimensions regroupées dans le tableau IV.

Il est essentiel de déterminer celles autour desquelles s'ordonnent les comportements des entreprises afin de saisir la nature et les modalités de la compétition pratiquée.

Tableau IV. Les dimensions des stratégies compétitives

- Degré de spécialisation.
- Importance de l'image de marque.
- Choix des canaux de distribution.
- Niveau de qualité.
- Niveau technologique (leader, imitateur).
- Choix de l'intégration verticale.
- Choix des stratégies de coût.
- Niveau de service.
- Politique de prix.
- Relations avec d'autres firmes (groupes...).
- Relations avec les Etats.

Source: M. E. PORTER, *op. cit.*, Economica, chap. 7.

Les groupes stratégiques.

Si l'on est en mesure de caractériser les stratégies suivies par les concurrents importants, il devient possible de dessiner la carte de l'industrie autour des principaux groupes stratégiques, chacun étant formé par les firmes qui ont des comportements voisins à l'égard des dimensions retenues.

La figure 9 donne un exemple théorique de ce que peut être une carte des groupes établie à partir de deux dimensions compétitives : le degré d'intégration verticale, le degré de spécialisation (ou largeur de la gamme).

Cette carte constitue un outil précieux d'analyse stratégique. Elle permet de bien distinguer deux niveaux de concurrence :

— *la concurrence intra-groupe* à laquelle se livrent les firmes d'un même ensemble. Le niveau de performance de chacune dépend alors essentiellement de la qualité et de l'efficience de sa gestion opérationnelle (marketing tactique, maîtrise des coûts, gestion financière...);

— *la concurrence inter-groupes* qui dépend des mouvements stratégiques qu'opèrent les entreprises désireuses d'évoluer sur la carte industrielle.

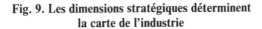

Fig. 9. Les dimensions stratégiques déterminent la carte de l'industrie

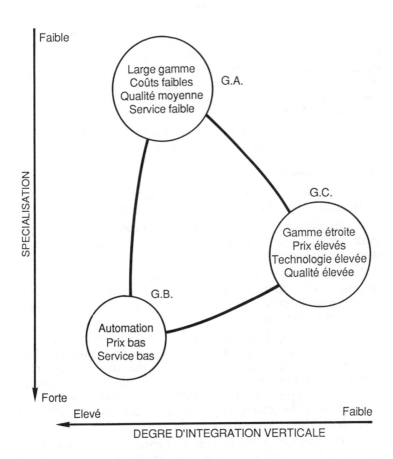

La détection des avantages concurrentiels.

Selon Porter, il est indispensable, pour analyser les sources d'avantage concurrentiel, d'examiner de façon systématique toutes les activités qu'exerce l'entreprise.

Pour ce faire, il propose un outil appelé « chaîne de valeur ».

Cet instrument « décompose la firme en activités pertinentes au plan de la stratégie, dans le but de comprendre le comportement des coûts et de saisir les sources existantes et potentielles de différenciation » ([1]).

Il s'agit en fait de décrire et de comprendre où et comment l'entreprise crée de la valeur pour le client, de façon différente et, de préférence, mieux que ses concurrents. Chemin faisant, on peut replacer cette création de valeur dans le « système de valeur » plus général où s'insère l'entreprise avec, en amont, ses fournisseurs et, en aval, ses distributeurs puis ses clients.

A titre illustratif, Porter donne la chaîne de valeur d'un fabricant de photocopieurs que nous reprenons à la figure 10.

On voit apparaître :

— des activités principales : logistiques interne et externe, production, commercialisation et vente, services,

— des activités de soutien : approvisionnements, développement technologique, gestion des ressources humaines, infrastructure de l'entreprise.

Porter conseille d'isoler les activités qui — 1° reposent sur des mécanismes économiques différents, — 2° ont un impact potentiel élevé sur la différenciation, — 3° représentent une fraction importante ou croissante des coûts.

Dans une optique de diagnostic, il est particulièrement intéressant de comparer la chaîne de la valeur de l'entreprise à la chaîne de valeur type nécessaire pour réussir dans le secteur et, même de façon imparfaite, à la chaîne de valeur du concurrent principal. Ceci peut permettre de détecter les points sur lesquels l'entreprise a du retard, de l'avance ou est irrémédiablement distancée.

Selon l'orientation stratégique de l'entreprise — domination par les coûts ou différenciation (qualité, services...) — l'accent sera particulièrement mis sur l'analyse et la quantification des coûts de chaque activité de la chaîne ou sur les sources de différenciation.

---

(1) PORTER, *L'Avantage Concurrentiel, op. cit.,* p. 49.

Fig. 10

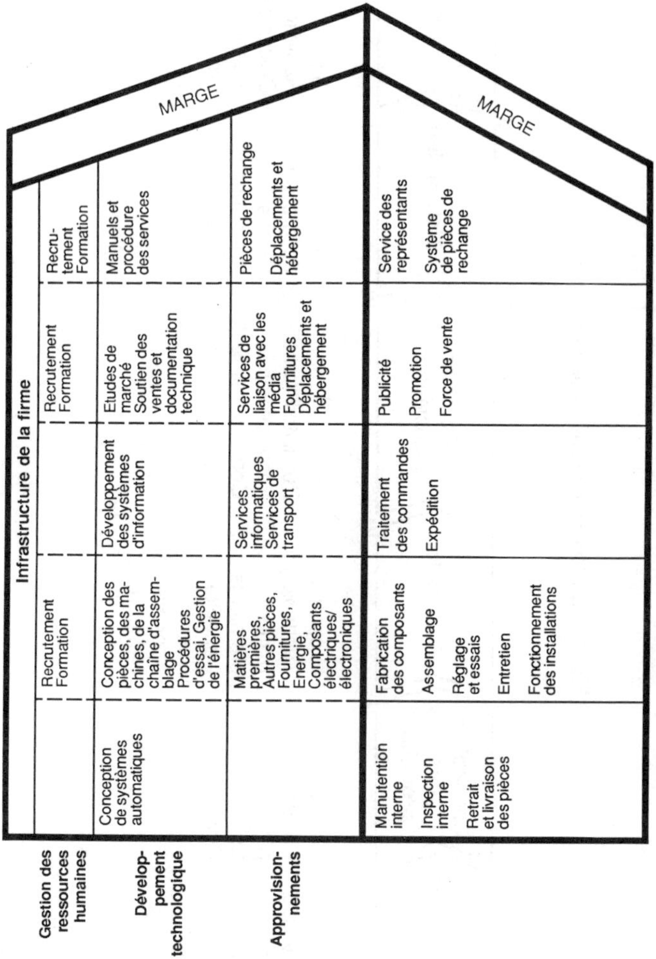

	Logistique interne	Production	Logistique externe	Commercialisation et vente	Services	
Infrastructure de la firme						MARGE
Gestion des ressources humaines		Recrutement Formation	Développement des systèmes d'information	Recrutement Formation	Recrutement Formation	
Développement technologique	Conception de systèmes automatiques	Conception des pièces, des machines, de la chaîne d'assemblage Procédures d'essai, Gestion de l'énergie	Développement des systèmes d'information	Etudes de marché Soutien des ventes et documentation technique	Manuels et procédure des services	MARGE
Approvisionnements		Matières premières, Autres pièces, Fournitures, Energie, Composants électriques/ électroniques	Services informatiques Services de transport	Services de liaison avec les média Fournitures Déplacements et hébergement	Pièces de rechange Déplacements et hébergement	
	Manutention interne Inspection interne Retrait et livraison des pièces	Fabrication des composants Assemblage Réglage et essais Entretien Fonctionnement des installations	Traitement des commandes Expédition	Publicité Promotion Force de vente	Service des représentants Système de pièces de rechange	

Source : PORTER, *L'Avantage...*, p. 66.

Fig. 11. La chaîne d'activités de l'entreprise

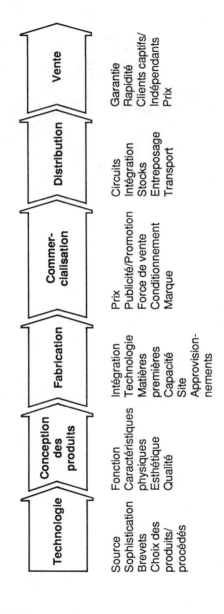

Technologie	Conception des produits	Fabrication	Commercialisation	Distribution	Vente
Source	Fonction	Intégration	Prix	Circuits	Garantie
Sophistication	Caractéristiques	Technologie	Publicité/Promotion	Intégration	Rapidité
Brevets	physiques	Matières	Force de vente	Stocks	Clients captifs/
Choix des	Esthétique	premières	Conditionnement	Entreposage	Indépendants
produits/	Qualité	Capacité	Marque	Transport	Prix
procédés		Site			
		Approvision-			
		nements			

Source : K. Ohmae, *La Triade,* Flammarion, p. 72.

Si la chaîne de la valeur constitue un outil puissant et détaillé de diagnostic de la compétitivité, il ne faut pas en sous-estimer la lourdeur de mise en œuvre, plus encore peut-être, que dans les deux autres volets. Ceci en limite l'utilisation, notamment dans les interventions rapides où l'on devra souvent se contenter d'une analyse qualitative «à grande maille», faute de temps pour découper de façon pertinente et réunir l'information.

Dans cette situation, on pourra utiliser une grille de classement simplifiée, tirée d'un outil proche élaboré par le cabinet américain Mc Kinsey: «la chaîne d'activités» ou «business system», représenté à la figure 11.

En conclusion l'on voit que les méthodes se distinguent selon le nombre de variables prises en compte, l'étendue du champ concurrentiel, le degré de finesse et leur caractère plus ou moins ouvert.

Aucune ne s'impose dans tous les cas de figure et il est donc important que l'homme de diagnostic les connaisse et les manipule avec doigté en les adaptant selon les circonstances, le temps et les ressources dont il dispose.

© Dargaud éditeur, Paris 1978, de F' MURR, *Un grand silence frisé.*

Chapitre 6.
L'analyse de la technologie

L'analyse et le diagnostic stratégiques sont restés longtemps muets et indifférents à l'égard de la technologie, en considérant qu'il s'agissait d'un phénomène extérieur sur lequel il n'y avait pas lieu de s'apesantir.

L'observation de la réalité montre que cette position n'est plus tenable : la structure et l'évolution des secteurs industriels, les positions concurrentielles, les caractéristiques des produits et des processus de production sont rapidement remises en cause par l'innovation technologique. S'il est des situations relativement stables où l'analyse concurrentielle peut être conduite dans les termes du précédent chapitre, les cas sont de plus en plus nombreux où il convient d'apprécier explicitement les variables technologiques. Ainsi, selon Porter: «De tous les facteurs qui peuvent modifier les règles de la concurrence, le progrès technologique est à coup sûr l'un des plus importants» ([1]).

L'une des principales difficultés à sa prise en compte réside dans le fait que toute entreprise utilise un grand nombre de technologies. On peut même dire qu'elle est un ensemble de technologies comme le suggère la figure 1.

Une deuxième difficulté réside dans la prévision de l'évolution technologique: des progrès significatifs peuvent-ils être attendus? Un changement technologique majeur va-t-il se produire?

A. L'INVENTAIRE DES TECHNOLOGIES

Comme l'indique Jacques Morin: «Son objet est de passer en revue, avec un œil critique, les technologies, les savoir-faire et leurs applications, aussi bien ceux que l'entreprise utilise que ceux qu'elle n'utilise pas mais pourrait utiliser, ceux qui sont restés en friche et, le cas échéant, mériteraient un développement, ceux qu'utilise la concurrence, ceux qui sont transférables en l'état ou après adaptation» ([2]).

Et l'auteur de poursuivre que ce recensement peut se faire en un jour de travail ou en mille! Il est clair que dans l'optique du diagnostic stratégique l'on se contentera des grandes technologies incorporées dans les produits et les processus de production puisqu'il s'agit avant tout de déterminer l'impact de celles-là sur les positions compétitives.

Dès ce stade, il est utile de procéder à une classification de ce patrimoine technologique. Du point de vue stratégique, deux critères s'avèrent essentiels:

([1]) In *L'Avantage Concurrentiel, op. cit.,* p. 203.
([2]) J. MORIN, *L'Excellence technologique,* Picollec, 1985, pp. 83-84.

Fig. 1. Exemples des technologies présentes dans la chaîne de valeur d'une firme

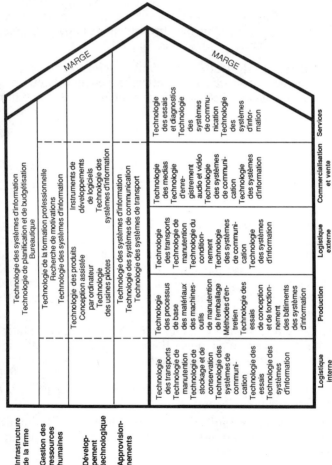

Source: PORTER, L'Avantage Concurrentiel, op. cit., p. 207.

Fig. 2. Deux dimensions «stratégiques» de l'inventaire du patrimoine

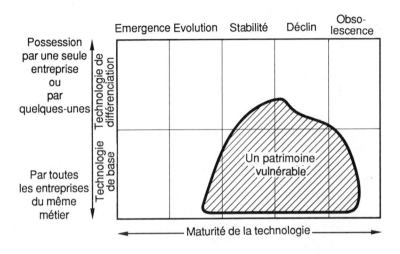

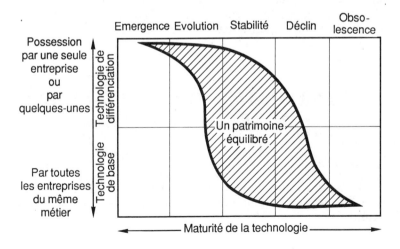

— le stade de maturité de la technologie : émergence, évolution, stabilité, déclin, obsolescence ;

— le degré de banalisation de la technologie : est-elle possédée par une ou quelques entreprises « avancées » ou au contraire par toutes les entreprises opérant dans le métier ?

On peut donc, en première analyse, dessiner la carte du patrimoine en situant les différentes technologies analysées à la figure 2.

Les deux exemples théoriques de la figure 2, repris à J. Morin, offrent la possibilité de tirer une première conclusion au seul examen de la figure.

Le premier patrimoine rend en effet l'entreprise vulnérable car il est composé de technologies plutôt stables ou déclinantes et, pour l'essentiel, banalisées. L'entreprise n'a donc que peu de possibilités de se différencier par ce biais et risque, de plus, de se laisser distancer par des firmes à patrimoine plus évolutif.

Le second présente, au contraire, un équilibre beaucoup plus affirmé puisque 50 % environ du patrimoine est jeune et non banalisé, alors que le reste est mûr et banalisé, ce qui donne à l'entreprise dans son ensemble, à la fois une capacité de régénération technique et une situation financière acceptable.

B. L'ÉVALUATION DU PORTEFEUILLE DE TECHNOLOGIES

Depuis quelques années, les grands cabinets de conseil en stratégie proposent d'intégrer la technologie dans leurs schémas habituels.

1. L'analyse d'Arthur D. Little ([1])

Elle se fonde sur une distinction en trois catégories:

— les technologies-clès qui ont un impact majeur sur la position concurrentielle, soit en termes de coût, soit en termes de qualité des produits;

— les technologies de base qui, largement diffusées, ne sont plus un argument concurrentiel;

— les technologies émergentes, au stade de l'expérimentation, qui offriront... peut-être... un potentiel de développement futur.

Ce cabinet suggère alors de coupler l'évaluation de la position technologique à celle de la position concurrentielle comme l'indique la matrice de la figure 3.

La position technologique est appréciée sur les technologies-clés et émergentes en prenant en compte les ressources tant internes — savoir-faire, brevets, hommes, équipements de recherche, qu'externes — licences, relations avec des centres de recherche, des clients, des fournisseurs...

Cette évaluation permet de juger de l'adéquation entre les stratégies technologiques suivies par l'entreprise (innovatrice, suiveuse...) et sa position concurrentielle élargie.

2. La méthode SRI ([2])

Elle repose aussi sur la distinction en trois catégories et s'attache ensuite à évaluer les «facteurs d'importance» — coût-efficacité, valeur ajoutée, potentiel de différenciation..., ainsi

---

([1]) *Cf.* E. ADER, *L'analyse stratégique moderne et ses outils,* Futuribles, n° 72/1983, pp. 3-21.

([2]) *Cf.* J. TASSEL, *La méthode SRI d'analyse stratégique,* Futuribles, n° 72/1983, pp. 43-47.

Fig. 3. Stratégies technologiques types

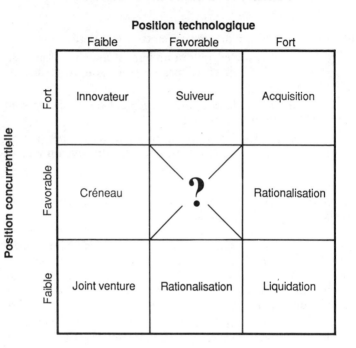

Position technologique

	Faible	Favorable	Fort
Fort	Innovateur	Suiveur	Acquisition
Favorable	Créneau	**?**	Rationalisation
Faible	Joint venture	Rationalisation	Liquidation

Position concurrentielle

Source: Futuribles, op. cit., p. 19.

que les facteurs de position technologique relative — capacités de R-D, niveau de dépenses...

Ces évaluations sont introduites dans une matrice de portefeuille de technologie qui permet de corriger les enseignements du portefeuille d'activités (Fig. 4a).

Les deux matrices sont enfin reliées à une troisième qui établit le niveau des barrières à l'entrée dans le secteur et le potentiel de différenciation de l'entreprise (Fig. 4b et 4c).

Il va s'en dire qu'une telle analyse ne peut être conduite qu'en termes prospectifs, ce qui amène à se doter d'instruments spécifiques.

Fig. 4

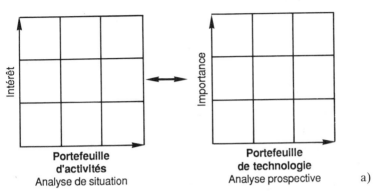

Source: Futuribles, *op. cit.*, p. 44.

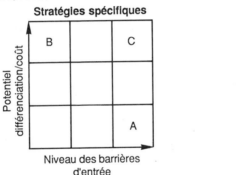

Source: Futuribles, *op. cit.*, p. 46.

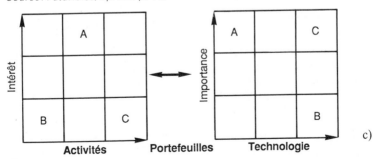

C. LA PRÉVISION DE L'ÉVOLUTION TECHNOLOGIQUE

Un outil déjà ancien, la courbe en S, a été récemment remis au goût du jour par Mac Kinsey et notamment l'un de ses directeurs, Richard Foster ([1]).

Cette courbe (Fig. 5) qui se vérifie dans de nombreux cas établit une liaison entre l'effort consenti pour améliorer les performances d'une technologie et la réalité de ces performances.

Fig. 5

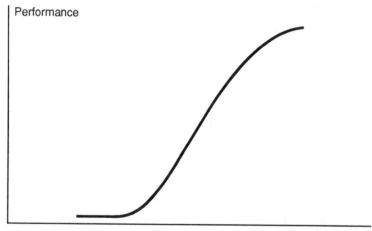

Performance

Effort d'investissement

Cet outil, simple dans son principe mais délicat à manipuler concrètement, s'avère intéressant lorsque plusieurs technologies se trouvent en concurrence, ce qui est assez fréquent. Dans de telles situations, interviennent souvent des discontinuités stratégiques comme le montre la figure 6.

([1]) R. FOSTER, *L'Innovation, avantage à l'attaquant,* InterEditions, 1986.

Fig. 6

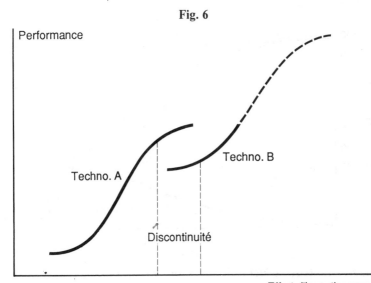

Naturellement cette période de discontinuité est d'une extrême importance stratégique. Certaines entreprises continuent à investir dans la technologie A avec des gains de performance de plus en plus réduits alors que quelques innovateurs prennent le risque de «jouer» la technologie B qui, en cas de réussite, peut procurer un tout autre niveau de performances. Parfois cette substitution peut être très brutale comme le montre l'exemple du pneu où le radial, imposé par Michelin, a fait perdre 50 points du marché américain au pneu conventionnel en 18 mois ([1]) (Fig. 7).

De la même façon, le marché américain des caisses enregistreuses électromécaniques est passé de 90 % à 10 % entre 1972 et 1976, causant des dommages considérables à NCR qui n'a pas cru à l'électronique.

Il est donc capital d'apprécier le degré de maîtrise des technologies que possède l'entreprise, non seulement au moment du

---

([1]) R. FOSTER, *op. cit.,* p. 160.

Fig. 7

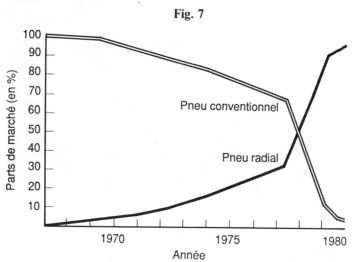

diagnostic (sur la technologie A par exemple) mais en termes prospectifs (sur la technologie B s'il y a menace de substitut). Cette appréciation peut être associée aux deux dimensions classiques — attrait de l'activité et position concurrentielle — comme l'illustre le « cube » suivant (Fig. 8).

D. LE CAS PARTICULIER DES ENTREPRISES A FORMULE STRATÉGIQUE « TECHNOLOGIE »

Le chapitre 4 a mis en évidence une « race » spécifique d'entreprises : celles qui fondent leur activité et leur développement sur la maîtrise d'une ou plusieurs technologies dont elles cherchent à multiplier les applications. Dans de tels cas, il est nécessaire de placer l'analyse de ces technologies au cœur du diagnos-

Fig. 8

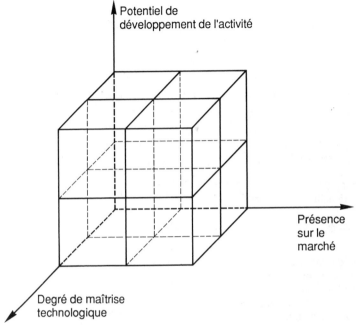

Source: P. Dussauge, B. Ramanantsoa, *Technologies et Stratégie, Harvard l'Expansion*, été 1986.

tic de la compétitivité et de la position stratégique, ce qui se comprend aisément.

L'image désormais célèbre du bonzaï illustre bien cette logique comme le montre le schéma de la figure 9.

La comparaison entre un groupe français et un groupe japonais qui se fondent sur les mêmes technologies «génériques» témoigne de la différence de logique et donc de la nécessité de modifier fortement la démarche du diagnostic stratégique (Fig. 10).

On voit bien que le groupe français mono-sectoriel peut relever d'une approche classique puisque son patrimoine technolo-

Fig. 9

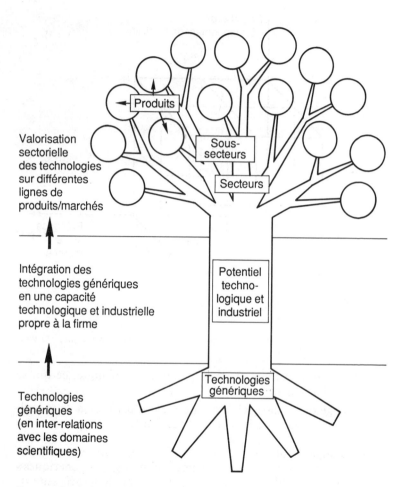

Valorisation
sectorielle
des technologies
sur différentes
lignes de
produits/marchés

Intégration des
technologies génériques
en une capacité
technologique et industrielle
propre à la firme

Technologies
génériques
(en inter-relations
avec les domaines
scientifiques)

Source: Gest, Grappes Technologiques, *Les nouvelles stratégies d'entreprise*, Mc Graw Hill, 1986, p. 30.

Fig. 10. Le concept des bonzaï appliqué à la comparaison de structures entre un grand groupe français et un grand groupe japonais

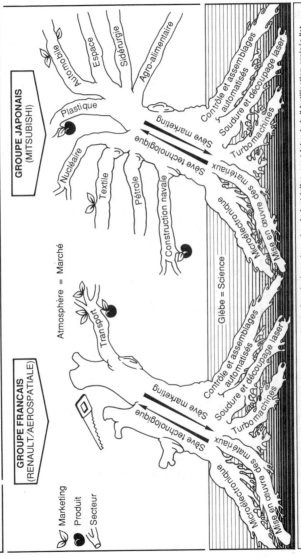

L'entreprise japonaise multisectorielle irrigue avec les technologies plusieurs branches industrielles, peut faire de la "fertilisation croisée "et valorise mieux son effort de recherche-développement. L'entreprise française monosectorielle, qui a besoin des mêmes technologies, ne peut les faire fructifier que dans son secteur et ne reçoit que très difficilement les progrès des autres.

Source: Politique Industrielle, n° 5/1986. p. 109.

gique n'est qu'un moyen au service d'une catégorie spécifique de produits. *Mitsubishi* au contraire valorise le sien dans une multitude de secteurs et sa position stratégique dépend largement de son aptitude à marier ses technologies d'une part, à tester leurs applications d'un point de vue marketing d'autre part.

On s'attachera donc dans cette dernière situation à ([1]):

— estimer l'ampleur des lieux (couples produits × marchés) de valorisation du potentiel technologique ;

— détecter et évaluer les avantages procurés ;

— examiner si ces avantages sont convenablement orientés, c'est-à-dire dans des activités où ils procurent une avance nette.

Cet examen peut être synthétisé dans une matrice attraits/atouts du type suivant (Fig. 11).

**Fig. 11. Exploitation de la matrice
d'évaluation du potentiel technologique**

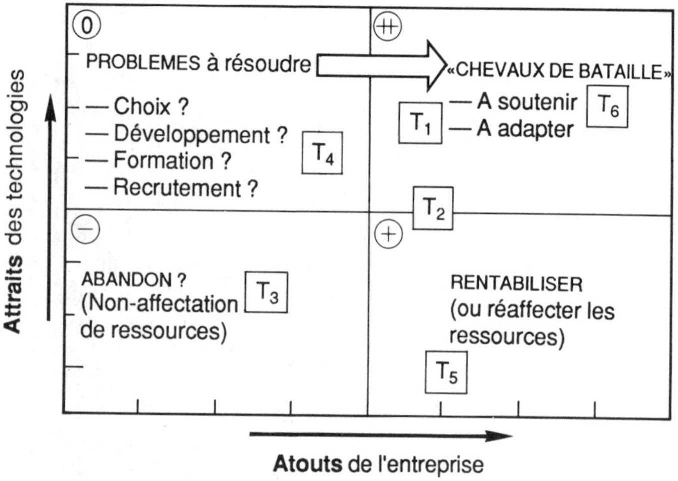

Source: MORIN, *op. cit.*, p. 221.

([1]) *Cf.* GEST, *op. cit.*, pp. 61 sq.

E. LES ASPECTS HUMAINS ET ORGANISATIONNELS DE L'ANALYSE TECHNOLOGIQUE

Une grossière erreur consisterait à ne voir que la composante technique dans cette analyse. Or l'on sait maintenant que les aspects humains et organisationnels sont essentiels pour que cette réalité technique se transforme en potentiel stratégique puis en performance économique.

Le Cabinet *Eurequip* et J. Morin conseillent de vérifier les points suivants:

— quelle est la connaissance que l'entreprise a de son patrimoine technologique?

— quelle est la qualité de son système de surveillance de l'environnement scientifique et technologique?

— quel bilan peut-on tirer sur les forces et faiblesses de l'entreprise en matière d'innovation?

— la sauvegarde du patrimoine est-elle assurée?

— l'organisation et la gestion des ressources humaines favorisent-elles les concertations entre la R-D et le marketing et répondent-elles aux exigences technologiques de la stratégie?

— les systèmes d'information et de communication internes sont-ils adéquats?

Cette seule liste de questions, auxquelles il n'est pas toujours aisé de répondre rapidement, suffit à montrer que l'analyse de la technologie se boucle avec l'appréciation de la structure et de l'organisation qui sera examinée au chapitre 8.

Dessin de Stanislas Bouvier, paru dans l'Expansion.

Chapitre 7.
Le volet économique et financier du diagnostic stratégique

Le diagnostic stratégique tel que nous le concevons dans cet ouvrage ne peut être pertinent et responsable que s'il accorde une place suffisante aux aspects économiques et financiers du fonctionnement et du développement de l'entreprise.

La place de ce volet dans la démarche générale peut être discutée. Certains considèrent qu'elle est nécessairement première. Nous préférons, par expérience, lui donner une place variable selon la situation. Il va de soi que dans une entreprise en difficulté, la dimension financière mérite un examen précoce et approfondi car il convient, souvent, de prendre des mesures de sauvegarde à très court terme et l'audit comptable est fréquemment un préalable. En revanche, pour une entreprise jugée suffisamment saine, les chiffres financiers peuvent exercer un effet de polarisation susceptible de rendre difficile les analyses stratégiques de nature plus qualitative.

On peut donc conseiller la démarche générale suivante (Fig. 1):

Fig. 1

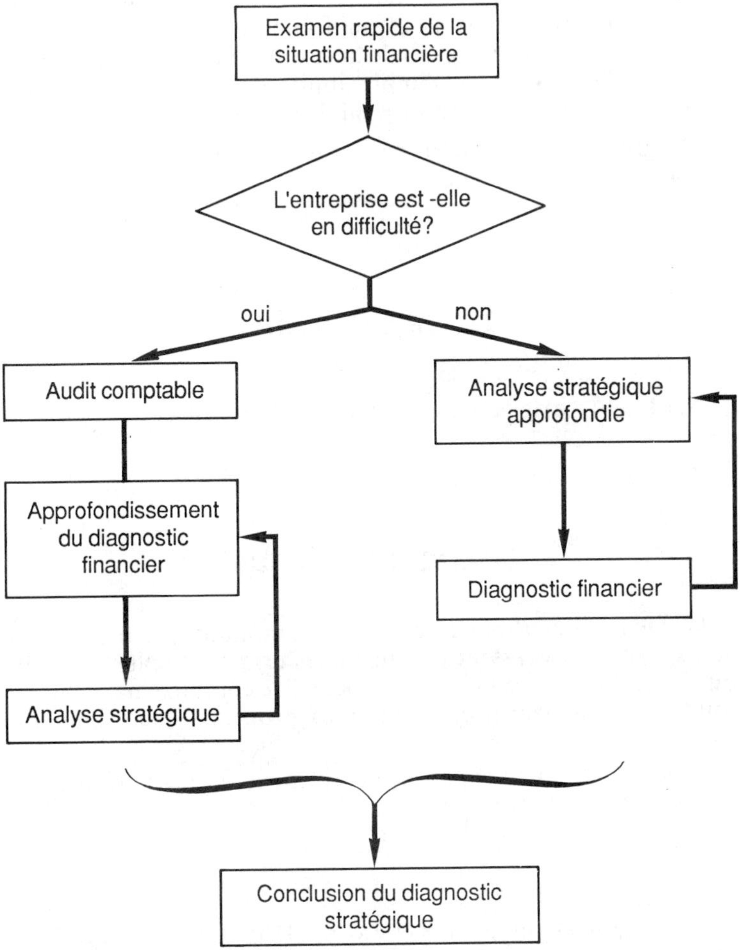

A. L'EXAMEN RAPIDE
DE LA SITUATION FINANCIÈRE

Cette phase a pour but de déterminer la position financière de l'entreprise par rapport à l'objectif minimum de survie à court terme et, a fortiori, vis-à-vis de la cessation de paiements résultant, juridiquement, de l'impossibilité de faire face au passif exigible (échu) avec l'actif disponible (réalisable à vue).

Malgré leurs défauts, on peut utiliser les outils traditionnels de l'analyse patrimoniale ([1]).

1. La solvabilité

Actif net (corrigé ou comptable) > 1/3 Passif

2. L'exigibilité/liquidité

Le fonds de roulement patrimonial (capitaux permanents — actifs immobilisés) dont les créanciers exigent, le plus souvent, qu'il soit positif et dont le calcul peut être complété par celui du fonds de roulement propre (capitaux propres — actif immobilisé).

La liquidité, obtenue par rapprochement des actifs réalisables et des dettes à court terme.

([1]) *Cf.* G. CHARREAUX, *Gestion Financière,* LITEC, 1986, 508 p., pp. 255 sq.

$$\text{Liquidité générale} \quad = \frac{\text{Actif circulant}}{\text{Dettes à court terme}} > 1.$$

$$\text{Liquidité réduite} \quad = \frac{\text{Actif circulant-Stocks}}{\text{Dettes à court terme}}.$$

$$\text{Liquidité immédiate} = \frac{\text{Titres de placement} + \text{Disponibilité}}{\text{Dettes à court terme}}$$

Il est à noter toutefois que ces ratios donnent une vue très approximative de la situation car le terme exact des actifs ou des dettes n'apparaît pas. C'est pourquoi, dans cette phase, il est conseillé

— d'examiner leur évolution chronologique;

— de les comparer à ceux des concurrents principaux.

L'autonomie financière mesurée traditionnellement par le ratio:

$$\frac{\text{Dettes à plus d'un an}}{\text{Capitaux propres}} < 1.$$

3. La rentabilité

Elle peut être désignée convenablement, à ce stade, par un ratio du type:

$$\frac{\text{Cash-Flow}}{\text{Capitaux permanents}}$$

Le cash-flow retenu ici s'apparente à la capacité d'autofinancement c'est-à-dire au résultat net de l'exercice augmenté des dotations aux amortissements et aux provisions.

L'appréciation de cette rentabilité peut être considérablement affinée par la mise en évidence des soldes intermédiaires de gestion que nous rappellerons plus loin.

Il va de soi que les quelques ratios précédents sont insuffisants à fonder un véritable diagnostic économique et financier, d'autant plus que celui-ci ne prend sa véritable signification que s'il est raccordé à l'analyse stratégique.

Ils doivent nécessairement être complétés par une analyse plus approfondie, tant au niveau global de l'entreprise qu'à celui de chacun de ses DAS lorsque l'information peut être réunie.

B. LE DIAGNOSTIC ÉCONOMIQUE ET FINANCIER GLOBAL

Le stratège est intéressé par deux points de vue dans la détermination des capacités financières de l'entreprise :

— l'efficacité de l'exploitation du potentiel de l'entreprise fondée largement sur l'analyse fine des résultats ;

— le potentiel financier dont dispose ou peut disposer l'entreprise à travers son autofinancement, ses possibilités d'endettement et d'augmentation des capitaux propres.

Le diagnostic financier global peut donc déboucher à son terme sur le positionnement de l'entreprise sur le graphe (Fig. 2).

Au-delà du constat, il convient de mettre en évidence des causes qui seront à confronter aux conclusions de l'analyse stratégique.

Sans faire œuvre de financier ([1]), l'on peut rappeler les points-clés de cette double analyse.

1. Fonds de roulement, besoin en fonds de roulement et trésorerie

La norme de positivité du fonds de roulement, évoquée plus haut, mérite d'être relativisée par le besoin en fonds de roule-

---

([1]) *Cf.* G. CHARREAUX, *op. cit.,* pour une présentation très rigoureuse.

Fig. 2

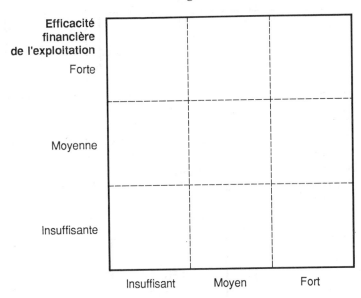

Potentiel financier stratégique

ment qui, dans certains cas, peut être structurellement négatif.

Admettons les définitions et notations suivantes ;

● Fonds de roulement = FR = Capitaux permanent — Actif immobilisé.

● Besoin en fonds de roulement = BFR = Stocks + Créances/clients + Charges payées d'avance — Crédits/fournisseurs — Charges à payer.

● Trésorerie = T = FR — BFR.

On obtient deux grandes situations :

— *Situation 1:* FR > BFR → T > O.

Cette situation renvoie à deux cas (Fig. 3):

Fig. 3

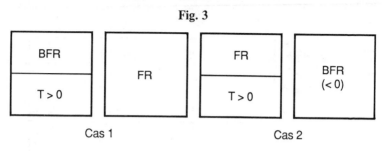

Cas 1   Cas 2

Le premier cas est caractéristique d'une situation classique saine. Le second, d'une activité où le BFR est structurellement négatif (certains hypermarchés par exemple).

— *Situation 2*: FR $<$ BFR → T $<$ O

Fig. 4

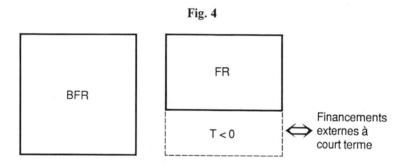

Dans la mesure où le BFR est déterminé par la nature mais aussi par le niveau de l'activité, il est essentiel d'interpréter correctement toute détérioration de la trésorerie comme l'indiquent les schémas suivants (Fig. 5).

2. L'analyse des flux de fonds

Dans certains cas, il peut être utile de dresser un tableau de flux complets, montrant les facteurs d'évolution d'un exercice sur l'autre, du FR, du BFR et donc de T (Tableau I).

Fig. 5

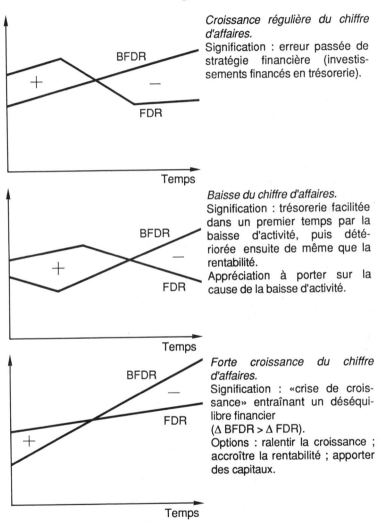

Croissance régulière du chiffre d'affaires.
Signification : erreur passée de stratégie financière (investissements financés en trésorerie).

Baisse du chiffre d'affaires.
Signification : trésorerie facilitée dans un premier temps par la baisse d'activité, puis détériorée ensuite de même que la rentabilité.
Appréciation à porter sur la cause de la baisse d'activité.

Forte croissance du chiffre d'affaires.
Signification : «crise de croissance» entraînant un déséquilibre financier
(Δ BFDR > Δ FDR).
Options : ralentir la croissance ; accroître la rentabilité ; apporter des capitaux.

Tableau I

Emplois	Ressources
• Dividendes versés • Frais financiers • Remboursement DMLT • Investissements • Participations	• EBE • Produits financiers • Augmentation de capital • Augmentation des DMLT • Cessions d'actifs
Δ FR	
• Accroissement des stocks • Accroissement crédits-clients • Accroissement charges payées • Baisse des charges à payer	• Baisse des stocks • Accroissement crédits-fournisseurs • Baisse charges payées d'avance • Accroissement charges à payer
Δ BFR	
• Augmentation titres placement • Augmentation prêts < 1 an • Baisse dettes < 1 an • Baisse découvert	• Baisse titres placement • Baisse prêts < 1 an • Hausse dettes < 1 an • Hausse découvert
Δ T	
Δ T = Δ FR — Δ BFR	

3. L'analyse de la formation des résultats

L'on sait que le Plan Comptable Révisé accorde une place importante aux «soldes intermédiaires de gestion» qui suggèrent souvent des points de déséquilibre.

La cascade résumée de ces soldes est la suivante;

• Production vendue + Production stockée = Production.

- Production — Achats consommés = Valeur ajoutée.

- Valeur ajoutée — Impôts et taxes — Charges de personnel = Excédent brut d'exploitation (EBE).

- EBE — Dotations aux amortissements et provisions = Résultat d'Exploitation (RE).

- RE + Produits financiers — Charges financières = Résultat courant (RC) avant impôt sur les bénéfices.

- RC + Autres profits — Autres pertes = Résultat net (RN).

- RN — Impôts sur les bénéfices = RN après impôts.

Il va de soi que ces soldes intermédiaires peuvent donner lieu à de nombreux calculs simples mais intéressants précisant, par rapport aux concurrents principaux, les atouts ou handicaps structurels ou conjoncturels de l'entreprise.

Par exemple les ratios $\dfrac{VA}{Immobilisations}$ et $\dfrac{VA}{Frais\ de\ personnel}$ donnent une bonne image du rendement des facteurs de production alors que le ratio $\dfrac{VA}{Chiffre\ d'Affaires}$ exprime le degré d'intégration.

Quant au ratio $\dfrac{Charges\ financières}{RE}$, il renseigne évidemment sur l'aptitude de l'entreprise à couvrir le coût du maintien des créanciers.

Ces ratios seront très utilement complétés par l'analyse des charges d'exploitation comparées à celles des concurrents. Il n'est pas rare qu'on y décèle des éléments importants de sous-productivité, comme le montre l'exemple ci-dessous.

Les chiffres du tableau II ont été calculés à partir des documents comptables de trois petites entreprises concurrentes dans la distribution de pièces automobiles, fournitures industrielles... de la région de Bordeaux ([1]).

Un simple coup d'œil révèle les lourds handicaps de *Chaillard* à l'égard de ses concurrents :

([1]) Cas pédagogique proposé par J. Horovitz et J. P. Pitol-Belin, *Stratégie pour la PME,* Mc Graw Hill, pp. 112 sq.

Tableau II

Ratios	Chaillard	Pucci	Bouquon
Achats/C.A.	68, %	64,4 %	65,7 %
Frais pers./C.A.	18,8	11,3	12,7
Services ext./C.A.	3,9	1,5	1,8
Transports, déplacements	1,1	0,7	0,7
Frais divers gestion	1,7	1,3	0,5
Frais financiers	5,8	1,7	0,
Immob./V.A.	41, %	14, %	13, %
V.A./C.A.	25,0	32,0	31,2
Frais pers./V.A.	75,9	35,	40,8
V.A./tête	70,3 KF	139, KF	108,6 KF
C.A./tête	281, KF	435, KF	348, KF
Frais pers./tête	53,3 KF	49, KF	44,3 KF
Stocks/C.A.	18,6 %	7,5 %	10,7 %

— une surcharge à la fois en immobilisation et en frais de personnel ;

— une faible productivité commerciale de ce personnel malgré une rémunération par tête nettement supérieure ;

— des achats et des stocks comparativement très lourds ;

— un laxisme général de gestion puisque tous les postes de charges sont plus élevés.

Il n'est pas très étonnant dès lors que *Chaillard* supporte 5,8 % de frais financiers.

4. L'analyse des leviers

Un aspect majeur d'un positionnement stratégique réussi réside dans une bonne démultiplication des ressources investies par l'entreprise.

On a progressivement mis en évidence quatre leviers fondamentaux ([1]) (Fig. 6):

Fig. 6

		Fonction de	Expression
Leviers structurels	Levier financier	Structure du passif	$1 + \dfrac{D}{E}$
	Levier opérationnel	Structure des coûts	$\dfrac{\Delta \pi}{\pi} : \dfrac{\Delta Q}{Q}$
Leviers dynamiques	Levier de production	Courbe d'expérience	$G\pi$
	Levier de marketing	— Elasticité du profit au prix	$\dfrac{\Delta \pi}{\pi} : \dfrac{\Delta P}{P}$
		— Ratio de capital	$\dfrac{\Delta PQ}{\Delta A}$

Source: J. P. SALLENAVE, *op. cit.*, p. 163.

Le levier financier de l'endettement.

Il exprime le fait de bon sens selon lequel l'endettement permet d'améliorer la rentabilité des capitaux propres à conditon que la rentabililité économique (dégagée par l'exploitation) soit supérieure au loyer de la dette.

Cela peut s'exprimer simplement:

Si r est le taux de rentabilité des capitaux engagés $(K + E)$, AVANT frais financiers, le taux de rentabilité des capitaux propres s'écrit:

$$\gamma = \frac{r\,(K + E) - i.E}{K}$$

([1]) Pour une présentation détaillée, *cf.* J. P. SALLENAVE, *Direction Générale et stratégie d'entreprise,* Ed. d'Organisation, 1984, pp. 149 à 187.

avec K = capitaux propres, E = fonds empruntés, i = taux moyen du loyer de la dette.

d'où $\gamma = r + (r - i) \dfrac{E}{K}$

On a donc :

si $r > i$, $\nearrow \dfrac{E}{K} \Rightarrow \nearrow \gamma$.

mais si $r < i$, $\nearrow \dfrac{E}{K} \Rightarrow \searrow \gamma$.

Il n'est pas rare qu'une entreprise jouant l'effet de levier par accroissement de son endettement subisse ultérieurement un « effet de ciseau » dû à la baisse de la rentabilité économique.

Le calcul du levier financier est donc un bon indicateur de la réussite ou de l'échec de la politique (ou des nécessités) financières face à l'évolution de la conjoncture.

Le levier opérationnel.

Il est directement fonction de la structure des coûts et plus précisément du ratio charges variables/charges fixes. On sait que ce dernier détermine le seuil de rentabilité et contribué donc à mettre l'entreprise dans une position plus ou moins sensible à l'égard des variations du volume des ventes.

Prenons deux entreprises A et B, figurées sur le schéma ci-après. La première travaille avec un fort coefficient de charges fixes, la seconde avec un pourcentage élevé de charges variables.

Supposons que les deux firmes soient concurrentes et vendent à l'instant la même quantité S_o qui correspond pour chacune au seuil de rentabilité.

Faisons intervenir un changement de conjoncture se traduisant, pour A comme pour B, par une variation positive d'abord, négative ensuite des quantités vendues ΔQ.

Il est facile de retrouver sur les graphes un résultat bien connu :

— la firme A voit son résultat rendu très sensible à une variation donnée des ventes, soit en expansion (excédent $= \Pi_A$), soit en récession (déficit $= -\Pi_A$);

— la firme B est relativement peu sensible, en termes de résultat, à une variation d'activité dans un sens ou dans l'autre ($\pi_B < \pi_A$ et $-\pi_B < -\pi_A$) (Fif. 7).

Fig. 7

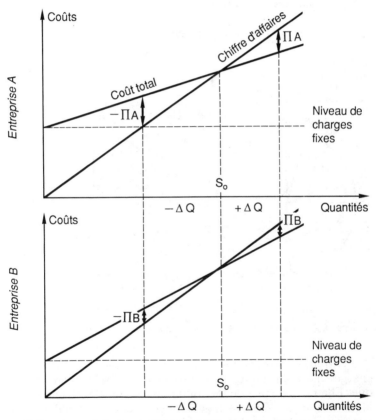

Si l'on introduisait ensuite une variation des charges variables (due à l'inflation par exemple), on constaterait alors que le seuil de rentabilité de B s'élève plus rapidement que celui de A.

Ces graphes suffisent pour suggérer que les choix d'organisation que font les entreprises les placent dans des situations fort différentes à l'égard du risque économique (expansion, récession, inflation). Rappelons aussi que la conjoncture de stagflation combine, dans certains cas, les deux effets analysés ci-dessus séquentiellement.

Il est important de noter que ces différences ne sont pas seulement théoriques, comme le montre la figure 8 :

Fig. 8. Affectation du revenu de Renault et Toyota

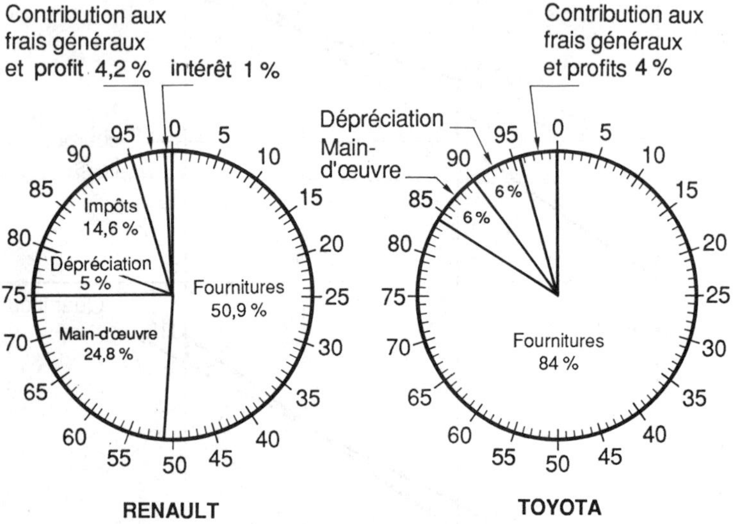

RENAULT   TOYOTA

Source : J. P. SALLENAVE. *Revue française de gestion,* art. cité.

L'entreprise la plus intégrée, *Renault,* possède un niveau de charges fixes plus élevé et s'approche de la firme A du graphique. Elle possède peu de flexibilité opérationnelle. L'entreprise la moins intégrée, *Toyota,* a davantage de charges variables ; elle possède plus de flexibilité opérationnelle.

Le rapprochement des leviers financiers et opérationnel est particulièrement éclairant. Une entreprise comme *Toyota* travaillant avec un faible levier opérationnel a intérêt à stimuler la rentabilité de ses capitaux propres en jouant sur un fort levier financier. Inversement *Renault* qui présente un risque de perte important à l'égard de la récession du fait de son fort levier opérationnel devrait plutôt jouer la prudence financière et un faible endettement. L'important déficit de la Régie jusqu'en 1985 confirme d'ailleurs les conséquences de la non-observation de ce principe.

Le levier de production.

Il est directement relié à la courbe d'expérience puisqu'il s'appuie sur la baisse des coûts unitaires engendrée par l'accumulation de la production. Il se mesure par le taux d'accroissement du bénéfice résultant.

Le levier de marketing.

Alors que les deux précédents supposent le volume, la richesse en capital et donc la taille, le levier de marketing est plus facilement accessible à une PME. Il repose sur l'identité bien connue :

$$r = \frac{\text{Bénéfice}}{\text{Chiffre d'Affaires}} \times \frac{\text{Chiffre d'Affaires}}{\text{Actif}}$$
$$r = \qquad (1) \qquad \times \qquad (2)$$

(1) désigne le taux de rentabilité des ventes (ou profitabilité) alors que (2) désigne le taux de rotation des actifs. On voit donc que le premier doit s'appuyer sur des augmentations de prix et donc souvent sur la différenciation des produits et services offerts et que le second résulte de systèmes de distribution plus « rapides » comme le montre le développement considérable du franchisage par exemple.

D'évidence, l'interprétation simultanée de ces quatre leviers apporte un éclairage considérable dans le diagnostic stratégique puisqu'ils sont des structures fondamentales de l'économie de l'entreprise et qu'ils mettent en relation les choix productifs, commerciaux et financiers. Ils s'avèrent particulièrement intéressants pour désigner les risques auxquels ceux-ci exposent le profit de la firme.

C. L'ANALYSE DES FLUX FINANCIERS PAR LA COMPOSITION DU PORTEFEUILLE DE DAS

L'ensemble des éléments économiques et financiers considérés jusqu'ici dans ce chapitre concerne l'entreprise dans sa globalité et ne peuvent donc s'articuler avec chacun des DAS gérés. Il convient donc, lorsqu'il est possible de construire l'information, de raisonner aussi au niveau de ces derniers.

L'un des grands mérites de la méthode BCG est de donner un cadre à ce raisonnement comme le suggère la matrice de la figure 9 :

Fig. 9. Part de marché relative

Part de marché relative

	Forte	1x	Faible

⬡ Etoile Equilibre de liquidités Investissements élevés E.T.E. moyen		☹ Dilemme Besoin de liquidités Investissements élevés E.T.E. faible ou négatif
🏦 Vache à lait Surplus de liquidités Investissements faibles E. T. E. élevé		⚰ Poids mort Equilibre de liquidités Investissement nul ou cession d'actifs E.T.E. faible ou négatif

Colonne de gauche : **Fort** (en haut), Taux de croissance $\bar{g}$ (au milieu), **Faible** (en bas)

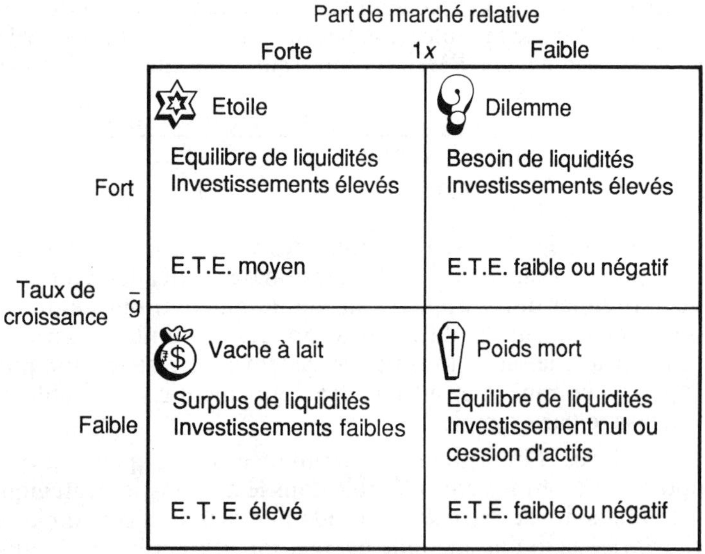

La notion la plus pertinente, retenue ici, pour désigner les flux de fonds est l'Excédent de Trésorerie d'Exploitation (E.T.E.) que l'on obtient à partir de l'E.B.E. de la façon suivante :

E.T.E. = E.B.E. — Variation du BFR.

Il va de soi que la variation du BFR provient essentiellement de la variation des stocks, du crédit-clients et du crédit-fournisseurs.

L'utilisation de l'E.T.E. est importante. Un DAS en situation d'étoile, par exemple, peut engendrer un E.B.E. élevé mais le taux de croissance se traduire par des investissements et un gonflement du BFR tels que l'E.T.E. soit finalement moyen voire faible. De même, l'E.T.E. négatif d'un poids mort peut être redressé par un « désinvestissement » (cession d'actifs.)

Malgré son grand intérêt dans la partie financière du diagnostic stratégique la mise en évidence des flux de liquidités par DAS est souvent rendue impossible par la carence d'informations, en particulier lorsque le découpage en DAS est opéré seulement à l'occasion de l'intervention. Il est alors bien rare que l'on puisse individualiser les flux avec précision.

Ceci ne retranche rien à l'intérêt de la méthode car nombreux sont les cas où une analyse même approximative permet d'imputer la responsabilité de chaque DAS aux déséquilibres financiers globaux. Il faut d'ailleurs reconnaître qu'en l'état actuel des connaissances l'articulation entre les analyses stratégique et financière se fait essentiellement par elle.

Chapitre 8.
Le diagnostic du management et de l'organisation

Selon certains, ce « volet » n'a pas lieu d'être dans un diagnostic stratégique. C'est d'ailleurs la position implicite de plusieurs démarches qui, comme nous l'avons vu, ne s'intéressent à l'intérieur de l'entreprise que pour y repérer les « facteurs » techniques et économiques qui constituent les « forces et faiblesses » de celle-ci.

Cette attitude ne semble pas défendable si l'on considère les succès et les échecs des entreprises depuis une dizaine d'années notamment. Des ressources limitées mais orchestrées par une direction de qualité et une mise sous tension des hommes peuvent engendrer une excellente performance. En revanche, une entreprise richement dotée peut se laisser dériver vers une situation stratégique délicate par un management déficient, une organisation désuète ou une culture inadéquate.

Faute de saisir ces éléments, le diagnostic stratégique non seulement reste incomplet mais risque d'aboutir à des conclusions gravement erronées. Là encore, et peut-être plus qu'ailleurs, la vision que le diagnostiqueur se fait d'une organisation importe au moins autant que les méthodes qu'il applique.

A. LA VISION DU MANAGEMENT STRATÉGIQUE : UN PRÉALABLE INDISPENSABLE

1. Les dysfonctionnements stratégiques d'origine interne

L'on a vu que le management stratégique était responsable tant de la qualité intrinsèque des orientations données à l'entreprise que de l'efficacité de leur mise en œuvre.

En reprenant le schéma initial du chapitre 1, il est possible de distinguer trois grands types de dysfonctionnements stratégiques dont l'origine est à rechercher à l'intérieur de l'entreprise : direction, organisation, animation des hommes ([1]).

L'entreprise asthénique (Fig. 1).

Une telle entreprise dispose d'un potentiel stratégique théoriquement suffisant mais elle se heurte à un « plafond de perfor-

---

([1]) Pour plus de développements, *Cf.,* MARTINET, *Management stratégique...,* *op. cit.*

mances» essentiellement engendré par une productivité insuffisante de l'éxécution et/ou une faiblesse de l'encadrement.

C'est fréquemment le cas lorsqu'une direction se préoccupe exclusivement des composantes « industrielles » de la stratégie en n'accordant qu'un intérêt limité à l'organisation et à l'animation de l'entreprise.

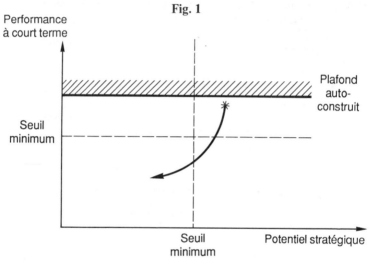

Fig. 1

Source: MARTINET, *op. cit.*, p. 12.

L'entreprise fragmentée (Fig. 2)

Symétriquement, ici l'entreprise souffre surtout de comportements individualistes de certains cadres, services, unités... L'exécution peut être efficace mais le potentiel stratégique se trouve dilué, fragmenté... interdisant à l'entreprise un développement concentré autour de ses ressources-clés.

Le problème réside donc principalement dans une carence de la direction qui gouverne insuffisamment et laisse se développer les baronnies et la balkanisation.

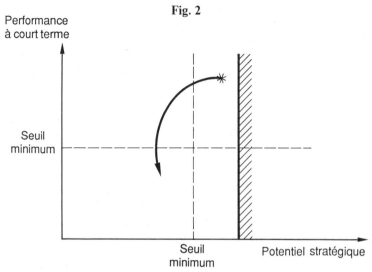

Fig. 2

Source: MARTINET, *op. cit.*, p. 13.

L'entreprise bloquée (Fig. 3).

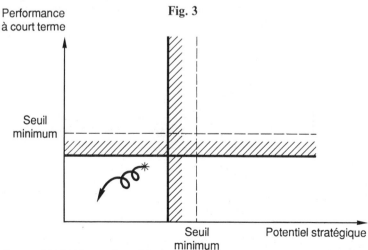

Fig. 3

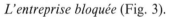

Source: MARTINET, *op. cit.*, p. 14.

Là l'entreprise cumule les deux handicaps précédents et risque la désagrégation. Nombre de défaillances se caractérisent, au bout d'un certain temps, par une démobilisation forte des exécutants, des comportements erratiques de cadres cherchant leur salut personnel et une direction qui « ne sait plus à quel saint se vouer ».

Dans cette situation, le diagnostic stratégique doit se garder d'accorder une place exclusive aux aspects technico-économiques alors que le redressement suppose une vigoureuse reprise en main politique et culturelle.

2. Le fonctionnement tripolaire de l'organisation

Les théories modernes de l'organisation admettent aujourd'hui que les performances et la capacité de développement sont liés aux relations harmonieuses entre les structures mises en place dans l'entreprise, les représentations que se font les personnels de celle-ci et les comportements qu'ils adoptent comme le suggère la figure 4.

Fig. 4

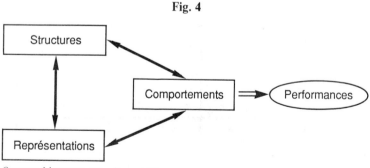

Source; MARTINET, *op. cit.*, p. 102.

En réalité les choses sont plus complexes. Les structures ne se réduisent pas à l'organigramme mais comprennent aussi les systèmes de gestion : procédures de planification, de contrôle de gestion, modalités de rémunération, de récompenses-sanctions, de promotion, systèmes d'information... Les représentations dépendent largement de la culture dominante dans l'entreprise, du jeu des différents acteurs qui cherchent à l'influencer, des processus de communication... mais aussi des structures. Les comportements sont fortement influencés par ces dernières et par les représentations que les individus s'en forgent. Ils résultent aussi toutefois de conditions extérieures : cultures nationales ou régionales — les ouvriers japonais n'ont pas les mêmes attitudes que les Français, les Alsaciens que les Provençaux —, parcours de formation — les polytechniciens voient les choses différemment des HEC... —. Enfin, le style de direction ou plus précisément les modalités d'exercice du pouvoir contribuent à façonner les comportements.

L'ensemble de ces éléments donne une personnalité à chaque entreprise. Il serait donc dangereux que le diagnostiqueur juge celle-ci par référence à un modèle unique. Il lui faut, au contraire, rechercher les forces et faiblesses de cette personnalité par rapport à ce que nécessitent le métier, les activités, l'environnement...

Les principaux points à diagnostiquer sont en conséquence les suivants (Fig. 5).

L'un des critères majeurs est la cohérence entre ces différents éléments en sachant d'ailleurs qu'elle ne peut et ne doit être totale. Une organisation nécessite en effet un certain flou, du jeu entre les rouages... pour fonctionner. Sinon elle se transforme en mécanique et se sclérose très vite.

B. L'ANALYSE DU POUVOIR

Trois éléments s'avèrent particulièrement importants : le degré d'indépendance du groupe dirigeant, la localisation du pouvoir au sein de l'organisation, le style d'exercice de ce pouvoir.

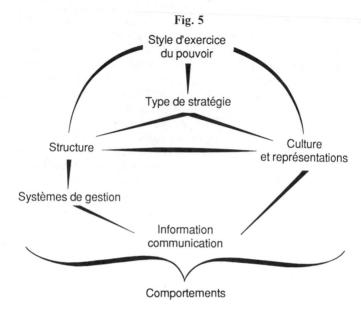

Fig. 5

1. La position du groupe dirigeant

Il est clair que la situation stratégique d'une entreprise est largement influencée par le statut et le pouvoir du groupe dirigeant. Selon que ce dernier est propriétaire du capital, actionnaire majoritaire ou minoritaire, « simple » salarié, la conduite de l'entreprise variera. L'actualité livre chaque semaine un cas où diverses modalités juridiques et financières sont mises en place pour protéger la propriété du capital contre les attaques « sauvages » : OPA, OPE... ([1]).

Il va sans dire que pour une PME le diagnostiqueur doit repérer la géographie du capital afin d'estimer les degrés de liberté et les contraintes auxquelles est soumis le groupe dirigeant. Une attention particulière bien sûr doit être accordée à la

---

([1]) *Cf.* préface de l'ouvrage collectif *De Nouvelles Théories pour Gérer l'Entreprise,* Economica, 1987.

politique de distribution des dividendes : l'entreprise est-elle vidée de ses bénéfices par les actionnaires ; peut-elle accroître au contraire le réinvestissement des bénéfices... ?

2. La localisation du pouvoir au sein de l'organisation

Si théoriquement ce problème apparaît trivial puisque le pouvoir doit « normalement » être détenu par le sommet, l'on sait qu'en pratique les choses sont infiniment plus compliquées.

D'abord parce qu'il convient d'identifier clairement le sommet : est-ce le PDG seul ? Un comité de direction ? Ce dernier fonctionne-t-il efficacement ? Est-il le siège de conflits importants en termes de politique générale et de stratégie ?...

Fig. 6

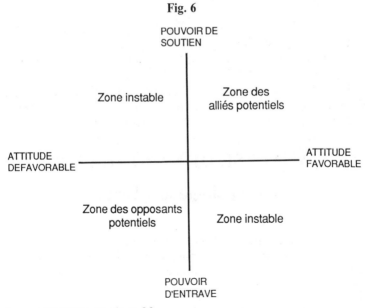

*Source ; *Martinet, *op. cit.,* p. 96.

Ensuite parce que le groupe dirigeant peut être plus ou moins dépossédé de son pouvoir de décision par le corps social de l'entreprise, c'est-à-dire le personnel et le cas échéant, par des syndicats.

Enfin car il est des cas où certains services, certaines directions fonctionnelles ou opérationnelles réussissent à se constituer un pouvoir de fait disproportionné à leur position hiérarchique.

Dans toutes ces situations, il est facile de comprendre que quelle que soit sa qualité, la stratégie risque d'être freinée, dénaturée dans sa mise en œuvre par le jeu de ces acteurs. Il appartient donc au diagnostiqueur de dresser une «carte des pouvoirs» dans l'entreprise dont l'esprit est donné par la figure 6.

3. Le style d'exercice du pouvoir

Le pouvoir «stratégique» ayant été localisé, il convient d'en définir le style de façon à apprécier son degré de cohérence vis-à-vis de la structure, des systèmes de gestion, de la culture et de ce que réclame la nature de l'activité.

La grille suivante permet de guider cette analyse en situant dans la réalité, le style de direction par rapport aux trois modes fondamentaux de gouvernement (Tableau I).

C. L'ANALYSE DE LA STRUCTURE ([1])

1. La typologie de Mintzberg

On sait maintenant qu'il n'existe pas de structure idéale. Ce serait donc une grave erreur pour le diagnostiqueur d'avoir en tête un schéma type auquel comparer la structure qu'il analyse.

([1]) Pour une présentation synthétique, *cf.* J. ORSONI, *Politique générale de l'Entreprise,* Vuibert, 1987.

Tableau I

Modes de gouvernement / Processus et variables	Commandement	Transaction	Animation
Structure du pouvoir	centralisée	distribuée	décentralisée
Processus du pouvoir	coercitif	négocié	consensuel ou entraîneur
Processus d'émission de la stratégie	imposition	négociation	dynamisation amplification
Structure	centralisée hiérarchisée formelle procédures/ contrôle	plutôt décentralisée centres de profit négociation des objectifs contrôle de gestion - nouvelles formes d'oganisation du travail	par projets réintégration fonctionnel et opérationnel gestion «par les défis»
Séquence	stratégie → structure	structure → sratégie	stratégie ⊕ structure
Représentations dominantes	entreprise = «vache à lait» «rationnelle»	entreprise = lieu de compromis «relationnelle»	entreprise = projet collectif «sportive»
Culture dominante	«rationnelle»	«relationnelle»	«sportive»
Fondement de la légitimité du noyau stratégique	légalité	compétence	charisme confiance

Source; MARTINET, *op. cit.,* p. 108.

On peut, en revanche, s'aider de la typologie établie par Henry Mintzberg ([1]) qui distingue cinq configurations de structure comme le montre le tableau II.

Tableau II

Configuration structurelle	Processus de coordination	Partie-clé de l'organisation	Centralisation/ décentralisation
S₁ Structure simple	Supervision directe	Sommet	Centralisation
S₂ Bureaucratie mécaniste	Standardisation du travail (procédés)	Techno-structure	Décentralisation horizontale et verticale limitée
S₃ Bureaucratie professionnelle	Standardisation de qualification	Centre opérationnel	Décentralisation
S₄ Structure divisionnelle	Standardisation contrôle des résultats	Ligne hiérarchique	Décentralisation verticale limitée
S₅ «Ad hocratie»	Ajustement mutuel	Masse organique de cadres, experts	Décentralisation sélective

Source: d'après MINTZBERG.

Chacune de ces configurations possède bien sûr des caractéristiques, des avantages et des inconvénients que l'on peut résumer ainsi ([2]) (Tableau III).

([1]) In *Structure et Dynamique des Organisation,* Ed. d'Organisation, 1982.
([2]) Adapté de MINTZBERG, *op. cit.*

Tableau III

Type	Caractéristiques	Avantages	Inconvénients	Adapté à ...
Simple	Peu de formalisation et de fonctionnels	Souplesse Adaptabilité Communication	Vulnérabilité Problèmes de croissance	Petite taille environnement simple
Bureaucratie mécaniste	Très formalisée fonctionnels importants	Précision Sécurité Contrôle	Problèmes humains communication Inertie	Grande taille firme âgée environnement simple
Bureaucratie professionnelle	Qualifications élevées Auto-contrôle	Autonomie Fluidité Sécurité	Implication Stratégie difficile	Savoir élaboré environnement complexe, stable
Structure divisionnelle	Entités autonomes Staff and line	Répartition des risques Capacité de réponse stratégique	Recentralisation du siège Balkanisation Obsession financière	Grande entreprise diversifiée
Structure ad'hoc	Peu de formalisation groupes de projets mobilité cadres nombreux	Capacité d'innovation Adaptabilité	Coût stratégie diluée	Organisation jeune soumise à des défis environnement complexe, dynamique

2. L'efficacité de la structure

Il est essentiel de repérer tout d'abord l'adéquation entre le type d'environnement auquel est confrontée l'entreprise, la structure mise en place et le style de direction. Pour ce faire, les tableaux précédents constituent des guides utiles.

Il convient ensuite d'apprécier l'efficacité de la structure en s'attachant aux critères suivants ;

— simplicité et légèreté désignées par le nombre d'échelons hiérarchiques entre le sommet et la base ainsi que par la clarté des responsabilités,

— justesse de l'encadrement fonctionnel : un excès surcharge l'entreprise, dilue les responsabilités et rend souvent le processus de décision plus lents ; une insuffisance conduit à des actions erratiques et à une réflexion stratégique peu élaborée,

— unité et compétence de la direction générale : a-t-elle une stratégie claire et partagée ? La communique-t-elle efficacement ?

— qualification des hommes détenteurs des postes essentiels.

D. L'ANALYSE DE LA CULTURE [1]

Le fait qu'il soit très à la mode ne signifie pas que le thème de la culture d'entreprise soit insignifiant bien au contraire !

Le diagnostic stratégique complet doit être en mesure d'en saisir les traits principaux, là encore pour évaluer son degré d'adéquation aux autres composantes.

Les spécialistes s'accordent à reconnaître la possibilité de décrire la culture selon plusieurs volets [2].

---

[1] *Cf.* notamment M. THEVENET, *Audit de la Culture d'Entreprise,* Editions d'Organisation, 1986.

[2] Inspiré de M. THEVENET et de J. P. LARÇON, R. REITTER, *Structures de Pouvoir et Identité de l'Entreprise,* Nathan, 1979.

1. Les fondateurs et l'histoire de l'entreprise

La seule lecture de la plaquette de *Salomon* destinée aux actionnaires renseigne sur l'importance accordée aux dates historiques, à l'évolution de la société, aux grandes décisions et aux principes d'action. De même, les changements de structures, d'hommes et de relations avec les acteurs de l'environnemnt sont à considérer.

2. Les métiers

Au-delà des métiers concret et stratégique, il est utile d'identifier le métier apparent : organismes professionnels et conventions collectives dont dépend l'entreprise et qui lui confèrent certains traits ou contraintes de fonctionnement.

De même est-il de la plus haute importance de saisir les métiers perçus à l'intérieur comme à l'extérieur c'est-à-dire l'image de l'activité que se font le personnel et le public.

3. Le système de valeurs

C'est lui qui sert de toile de fond aux attitudes et comportements de tout un chacun dans l'entreprise. On s'attachera donc à repérer :

— les valeurs affichées dans les discours et écrits des responsables : excellence, qualité, écoute du client... mais aussi professionnalisme, droit à l'erreur, solidarité...

— les valeurs véhiculées par les pratiques : recrutement, intégration, récompenses, promotion des individus...

— les valeurs qui soustendent les comportements : laxisme ou rigueur, ordre ou désordre, responsabilité ou non...

4. Les signes, les symboles, les rites, les mythes, les tabous

Même de façon rapide et imparfaite, le diagnostiqueur doit saisir ces aspects visibles ou moins visibles, dits ou non dits. Ils le renseignent souvent mieux que de longs discours tout à la fois sur les valeurs, les façons de faire, la qualité du fonctionnement de l'entreprise et sur ce que l'on peut attendre d'elle dans son évolution.

Ces éléments s'apprécient par le truchement des langages utilisés, de l'agencement de l'espace, de l'utilisation du temps, de l'esthétique, de l'habillement, de la presse d'entreprise ([1])...

De façon concrète, il est le plus souvent impossible, dans le cadre du diagnostic stratégique, de se livrer à une analyse exhaustive de la culture par une démarche de type ethnographique. On se contentera donc d'une « saisie rapide », soit par le biais de questionnaires si le temps le permet, soit en utilisant des grilles... voire même de façon « impressionniste » en captant les signaux nombreux qu'active toute entreprise en fonctionnement. Un grand dirigeant américain ne dit-il pas qu'avant d'acheter une entreprise il visite toujours... la cantine qui, selon lui, renseigne précisément sur les valeurs, les attitudes et les comportements du personnel.

A titre d'illustration, nous donnons ci-dessous les résultats d'une enquête par questionnaires effectuée dans un laboratoire pharmaceutique français ([2]).

([1]) *Cf.* A. SILEM, G. MARTINEZ, *Information des Salariés et Stratégies de Communication,* Ed. d'Organisation, 1983.

([2]) J. LHERMITE, *Mémoire pour le DEA Sciences de Gestion,* Lyon, 1987, 192 p.

Fig. 7. Profil des valeurs

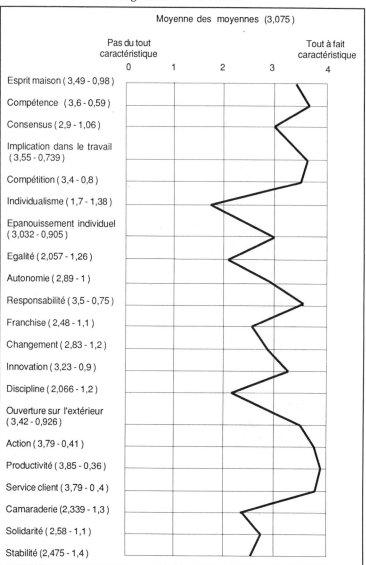

Fig. 8. Profil selon appartenance au comité de direction

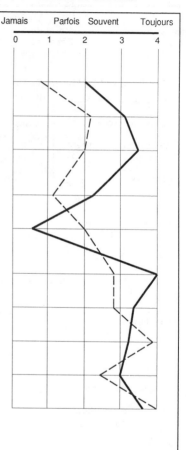

« Avant de prendre une décision de recrutement on consulte les futurs collègues du nouveau »

« On recrute les nouveaux surtout d'après leur capacité à s'intégrer »

« Les objectifs fixés à chacun sont ambitieux »

« Il y a de réelles opportunités de promotion à un échelon supérieur de la hiérarchie »

« La voie hiérarchique est l'élément essentiel du fonctionnement de l'entreprise »

« On attache de l'importance à la qualité des relations avec les représentants du personnel »

« On encourage le travail en groupe sous forme de comités, commissions ... »

« On respecte scrupuleusement la législation »

« Tout est fait pour que les besoins des salariés soient pris en compte »

« On considère que la priorité doit être donnée à la satisfaction des clients »

—————— Comité de direction

— — — — Encadrement

E. PROCESSUS D'INFORMATION ET DE COMMUNICATION (¹)

Ce volet est particulièrement délicat à parcourir dans le cadre du diagnostic stratégique. D'abord, nous l'avons vu parce que ses faiblesses peuvent pénaliser la conduite de ce dernier. Ensuite parce qu'il est impossible, sauf à se livrer à un véritable audit des systèmes d'information, de mettre à plat l'ensemble de ses forces et faiblesses. Dans notre optique on s'attachera, une nouvelle fois, à en examiner les grandes caractéristiques afin de déceler leur plus ou moins bonne aptitude à servir le pilotage stratégique de l'entreprise et d'apprécier leur cohérence avec les autres composantes de l'organisation dans l'esprit du tableau IV.

Une mention spéciale sera faite du système d'informations stratégiques (²) à tout le moins, des structures et processus mis en œuvre pour saisir, traiter et communiquer l'information sur l'environnement, comme le suggère le schéma ci-dessous. L'on sait désormais qu'il y a là une source considérable d'avantage... ou de désavantage concurrentiel.

(¹) *Cf.* notamment C. DUMOULIN, *Management des Systèmes d'Information,* Ed. d'Organisation, 1986 et H. LESCA *Structure et Système d'Information...,* Masson, 1982 et *Système d'Information pour le Management Stratégique,* Mc Graw Hill, 1986.

(²) *Cf.* H. LESCA, *Système d'information..., op. cit.*

Tableau IV. Typologie des systèmes adaptés à l'environnement

Type d'environ-nement	Répétitif	En expansion	Changeant	Discontinu	Surprenant
Type de culture	bureaucratique	production	marketing	stratégique	créative/ flexible
Stratégies	stable	croissance	différenciation	portefeuille stratégique	création de technologie
Facteurs clés de succès	répétition	économies d'échelle	réponse au marché	flexibilité	marchés/ produits
Type de système d'information	formel et procédural	formel et analytique	développement de l'écoute externe	développement de l'écoute interne et externe	peu formel et évolutif contexte riche

Source: DUMOULIN, *op. cit.*, p. 183, d'après H. I. ANSOFF.

Fig. 9

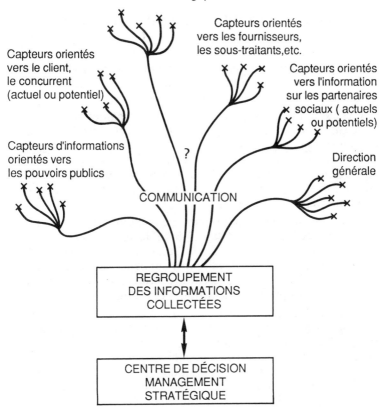

Source; LESCA, *op. cit.,* p. 114.

Conclusion

Perspectives du diagnostic stratégique

L'ensemble présenté dans cet ouvrage donne vraisemblablement à penser que le diagnostic stratégique est relativement peu technique. Cette impression repose sur une réalité mais doit être nuancée.

Il est vrai qu'en comparaison d'autres domaines de la gestion — finance, production... —, l'outillage utilisable est d'un niveau d'élaboration et de formalisation moindre. Cela est naturellement inhérent à la nature et aux caractéristiques des problèmes stratégiques : grand nombre de variables et de dimensions, faible structuration, incidence forte des facteurs politiques, nécessité de la prise en compte du futur.

Toutefois les meilleurs intervenants disposent aujourd'hui d'un appareillage conceptuel de haut niveau même s'il ne se présente pas sous une forme très quantifiée ou mathématique. Son amélioration et son développement dépendent tout à la fois de l'approfondissement de la culture stratégique et de l'intégration de certains progrès scientifiques et techniques.

Si l'on met en perspective l'histoire récente de la pensée stratégique, l'on s'aperçoit qu'elle se rafine dans plusieurs directions : élargissement des champs concurrentiels analysés, prise en compte de dimensions jusqu'ici occultées — technologie, culture... —, adaptation des méthodes aux cas de figure rencontrés... En bref, la culture des stratèges s'accroît qui conduit à la confection d'outils plus fins et plus élaborés.

Au-delà de cette amélioration culturelle, on peut espérer l'introduction de certains progrès scientifiques et techniques. Il est clair par exemple que l'informatique n'a pratiquement été d'aucun secours jusqu'ici pour le diagnostic stratégique à l'exception de certaines simulations économico-financières. Il semble bien que l'intelligence artificielle puisse apporter, à terme, son concours. Si les systèmes experts se sont cantonnés à des problèmes très structurés, on enregistre certains efforts pour que de véritables systèmes fondés sur la connaissance entrent dans le champ de la stratégie en y apportant leur capacité à traiter l'heuristique et plus seulement l'algorithmique.

Ces systèmes restent aujourd'hui freinés par la difficulté qu'éprouvent les experts en stratégie à formuler leur connaissance en termes de règles. Peut-être aussi sont-ils réticents à la faire par crainte d'être dépossédés de leur savoir. Crainte qui apparaît peu fondée dans la mesure où un système fondé sur la connaissance ne pourra jamais se substituer totalement à l'homme intelligent. Il ne fera qu'accroître la puissance et l'efficacité des meilleurs spécialistes... en disqualifiant naturellement les moins bons.

Bibliographie

ANSOFF H. I., *Implanting strategic management,* Prentice Hall, 1984.

BIOLLEY G., et Alii, *Mutation du management,* E.M.E., 1986.

BRILMAN J. , *Gestion de crise et redressement d'entreprises,* Hommes et Techniques, 1985.

BUIGUES P. A., *Prospective et compétitivité,* Mc Graw Hill, 1985.

CANDAU P., *Audit social,* Vuibert, 1985.

COLLIGNON E., WISSLER M., *Qualité et compétitivité des entreprises,* Economica, 1984.

DETRIE J. C., RAMANANTSOA B., *Stratégie de l'entreprise et diversification,* Nathan, 1983.

DEVE J. C., LE MOAL J. Y., *Le Guide du décideur,* Ed. d'Organisation, 1985.

GODET M., *Prospective et planification stratégique,* Economica, 1985.

KETS DE VRIES M., MILLER D., *L'Entreprise névrosée,* Mc Graw Hill, 1985.

LESCA H., *Système d'information pour le management stratégique de l'entreprise,* Mc Graw Hill, 1986.

MARCHESNAY M., *La Stratégie: du diagnostic à la décision industrielle,* Chotard, 1986.

MARTINET A. CH., *Stratégie,* Vuibert, 1983.

MARTINET A. CH., *Management stratégique: organisation et politique,* Mc Graw Hill, 1984.

MINTZBERG H., *Structure et dynamique des organisations,* Ed. d'Organisation, 1982.

MORIN J., *L'excellence technologique,* Picollec, 1985.

PARIS F., *Missions stratégiques de l'équipe dirigeante,* Dunod, 1980.

PORTER M. E., *Choix stratégiques et concurrence,* Economica, 1982.

PORTER M. E., *L'avantage concurrentiel,* Interéditions, 1986.

SALLENAVE J. P., *Direction générale et stratégie d'entreprise,* Ed. d'Organisation, 1984.

SAPORTA B., *Stratégies pour la PME,* Montchrestien, 1986.

TARONDEAU J. C., *Produits et technologies,* Dalloz, 1982.

THEVENET M., *Audit de la culture d'entreprise,* Ed. d'Organisation, 1986.

THIETART R. A., *La stratégie d'entreprise,* Mc Graw Hill, 1984.

OUVRAGES DU MÊME AUTEUR

Lexique de Gestion (avec A. SILEM), Dalloz, 1985.
Management stratégique: organisation et politique, Mc Graw Hill, 1984, mention spéciale du jury du Prix IAE du Management 1985.
Stratégie, Vuibert-Gestion, 1983, Grand Prix Harvard-l'Expansion, 1983.
L'Entreprise dans un monde en changement, (avec G. PETIT), Le Seuil, 1982.
Encyclopédie de l'Economie: le présent en question, (en collaboration), Larousse, 1978.
Analyse de l'environnement, planification et management stratégiques de la grande entreprise, Hermès, 1975.

Remerciements

Une fois encore, tous nos remerciements s'adressent à Madame Josette Guttin pour l'excellence amicale de sa contribution dans la réalisation matérielle de cet ouvrage.

La photocomposition de cet ouvrage
a été réalisée par
GRAPHIC HAINAUT SARL
59690 Vieux-Condé
☎ 27.25.04.64

Achevé d'imprimer sur les presses de
l'Imprimerie Hérissey à Évreux
Dépôt légal : n° 5281 — Février 1988
N° d'imprimeur : 44463

ISBN 2-7117-7706-5